OPEN HOUSE OSAKA 2021

生きた建築ミュージアム
フェスティバル大阪

公式ガイドブック
OFFICIAL GUIDE BOOK

生きた建築ミュージアム大阪実行委員会

大阪の生きた建築を体験する、
特別な2日間。

Experience a special two-day event
featuring Osaka's most exquisite
living architecture.

生きた建築ミュージアムフェスティバル大阪（イケフェス大阪）は、毎年秋の週末に大阪の魅力ある建築を無料で公開する、日本最大級の建築イベントです。

長いときを刻んだ歴史的な建築から最新技術を用いた現代の超高層ビルまで、有名建築家の名作から昭和の雰囲気を色濃く残す街場の喫茶店まで、大阪という都市の魅力を様々に物語る「生きた建築」が今年も150以上集います。

今年のイケフェス大阪は昨年に引き続き、オンラインプログラムを中心としたバーチャル開催となります。それにあわせて、この公式ガイドブックもいつもと内容を変え、建築や都市の専門家がそれぞれの視点で大阪の生きた建築を読み解く「特集」と、まちを散策するときに役立つ「イケフェス大阪2021全参加建物リスト」で構成しています。

このガイドブックならびにイケフェス大阪2021が、建築の素晴らしさとそれを支える多くの人の存在、そして大阪という都市の魅力を感じとっていただけるきっかけとなれば幸いです。

An annual autumn weekend event, the Living Architecture Museum Festival Osaka (Open House Osaka) is renowned as the largest Japanese architectural function that offers free access to Osaka's finest architecture.

To genuinely exhibit the urban allure of Osaka, this year's event comprises over 150 "living architecture" entities such as historically defined structures, contemporary skyscrapers refined with cutting-edge technologies, acclaimed works by distinguished architects and street cafes emanating the atmosphere of the Showa period.

In succession of the previous year, the Open House Osaka 2021 will also be organized virtually as an online program. In conjunction, the official guidebook presents the latest content that includes "special commentaries" submitted from respective architects and urban experts who share their intellect on Osaka's living architecture, and the "Open House Osaka 2021 All Participant Buildings List" convenient for strolling tours around the city.

To conclude, we would be sincerely delighted if this guidebook and the Open House Osaka 2021 as a whole could robustly promote the grandeur of architecture, the presence of countless individuals who fervently support this field, and the prowess of Osaka as a captivating urban destination.

安藤忠雄の言葉

撮影：関野欣次

大阪が生んだ世界的建築家である安藤忠雄さん。
独立独歩で自らのスタイルを切り拓き、
数々のプロジェクトを手がけてきた第一人者に、
生きた建築ミュージアムフェスティバル大阪2021の開催に寄せて、
建築を見ることの意義や建築にまつわる諸相について語っていただきました。

写真提供／安藤忠雄建築研究所

建築とは、『体験』と深く結びついているものなのです

私が子どもの頃、最初に興味を持った建築は大阪市中央公会堂（→P.70）と大阪府立中之島図書館（→P.72）でした。小学校で、中之島に写生に行くことがよくあったのです。その頃は今と違って中之島もまだ殺風景でしたが、その分二つの歴史的建築物の威容は際立っていて、子ども心にすごい建物だなと感動した覚えがあります。その後、桜之宮の銀橋（桜宮橋）や御堂筋のイチョウ並木を見たりするうちに、「自分たちの街はなかなかいいなぁ」という誇りを持つようになった。そんな風に、都市や建築とはそこに住む人々に誇りを与えられる存在なのです。

その建築の世界を、職業として初めて意識したのは、中学2年生の時です。平屋の自宅を2階建てに改築した時に、若い大工さんが一心不乱に働いている姿が、強く印象に残りました。「大工とは何かとてつもなく面白い魅力をもった仕事なのかもしれない」という好奇心が生まれたのです。生身の体験を通して感動を体に刻む——こういう感覚は今のスマートフォンの世界にはありません。しかし建築の世界は、「体験」と深く結びついているものだと思います。

大工の仕事を見て、建築という職業に興味を持ったものの、家庭の経済的理由と、学力の問題で、大学進学をあきらめざるを得なかった私は、独学で建築の道を進む決心をしました。勉強の仕方も解らなかったので、京大や阪大の建築学科に進んだ友人たちに相談し、教えてもらった教材を買い集め、それをひたすら読み続けました。とにかくもう無我夢中で、必死に勉強したことを今でも覚えています。

大阪の道頓堀にあった老舗の古書店、天牛書店でル・コルビュジェの作品集と出会ったのもこの頃です。アルバイトでお金を貯めてなんとか購入し、トレースを繰り返しました。空間体験を通して日本的な美意識を学ぼうと、奈良や京都の古建築をひたすら見て歩いたりもしました。試行錯誤の毎日でした。

当時、大阪府建築士会が発行していた『ひろば』という雑誌がありました。22〜23歳の頃、編集委員だった高口恭行さん（元奈良女子大学教授）と笹田剛史さん（元大阪大学教授）から哲学者の和辻哲郎や西田幾多郎の本を勧められました。とはいえ、西田幾多郎の本なんて難しくて、当時はなかなか読み進めることができませんでした。和辻哲郎の方は比較的わかりやすいので、『古寺巡礼』や『風土』を読んだのですが、その豊かな観察力・表現力を通して、建築の知的な側面を学びとることができました。読書もまた、好奇心を掻き立てる「体験」の一つです。実際私も、和辻の文学に刺激を受け、海外のありとあらゆる建築を見て回りたいと思うようになりました。

1965年（昭和40）に初めてシベリア鉄道に乗ってヨーロッパを訪ねた時は、北欧からスイス、イタリア、スペインの各地を巡りました。その後フランスのマルセイユから貨客船に乗り、アフリカ大陸を回ってインド、フィリピンを経由して帰国するという建築行脚を実行します。この旅を通して、改めて地球は一つであり、そこには多くの人々が多種多様な生活を営んでいるという事実を痛感し、その数だけ築き上げられた建築文化があるのだと学びました。インドでは、和辻が『古寺巡礼』の冒頭で触れていたアジャンタ・エローラの石窟に描かれた極彩色の仏教芸術を目の当たりにし、文字や写真では絶対にわからない世界があることを実感しました。

このように、私にとって独学の道は、暗闇の中を手探りで進むようで、不安や孤独との闘いの連続でした。でもあの頃、読書や旅を通して得た知識や経験は、かけがえのない財産として、今も私の力になっています。

安藤忠雄建築研究所を設立した当時（1969年）

私に誇りを与え、育ててくれた
大阪の街に、恩返しをしたい

現代では、インターネットが普及し、若者や子どもたちが「体験」を通してさまざまなことを学ぶことが難しい時代になっています。情報が氾濫する中、本を読んで物事を深く追求し、突き詰めて考えることもしなくなりました。

建築という仕事を通して、社会に何ができるかを考え続けて来ました。とりわけ、私に誇りを与え、また私を育ててくれた大阪の街に、何か恩返しをしたい。この街で育っていく子どもたちのために、何を残すべきかと考えた私は、中之島に子どもが自由に本と出会い、学ぶための施設「こども本の森 中之島」をつくり、大阪市に寄贈しようと決意しました。

最初にお話しした大阪市中央公会堂は、株式の仲買人をしていた岩本栄之助が、「大阪に人の集まる公共施設を」と考え、建設資金を寄贈して建てられたものです。隣に立つ大阪府立中之島図書館も、住友家当主である住友友純の寄附で建設されました。同じく住友の大阪本店支配人を務めた伊庭貞剛（後に住友家第二代総理事）も、別子銅山の環境復原に力を注ぎ、企業の社会的責任を実現した先駆者です。私も、こうした大阪の先人たちの公的精神を見習い、未来へと継承していくことが出来ればと考えました。

「こども本の森 中之島」では、子どもたちが自由に空間体験をしながら、自分だけの特別な1冊との出会いを果たすことができます。本を読むことは、心の中で旅をすることです。ページをめくるたびに、新しい世界が広がります。この「心の旅」を通して、生きる力を身につけてほしいと思います。また私のように、読書をきっかけに本当の旅に出るのもいいでしょう。生身の体験を通して想像力を育むことで、大阪から、元気で意欲的で、責任感を持った子どもたちが一人でも多く巣立ってほしいと思います。

「こども本の森 中之島」（2020年開館）

建築に携わる仕事は、
作り手にも誇りを持たせることができる

今の日本の問題は、確固たる信念を持ったリーダーの不在にあります。企業も同じで、トップは売上と利益ばかりを気にして、信念を持って社員を引っ張っていく気概ある社長は少なくなりました。社会の構造が複雑になったこともその一因です。今から30〜40年前は、社会も企業ももっとシンプルで、リーダーも強かった。

1986年（昭和61）に完成した神戸の「OLD／NEW」は、竹中工務店が工事を担当していました。ちょうどその時、六甲山オリエンタルホテルの「風の教会」も工事中だったのですが、竹中工務店の竹中錬一会長が、「安藤さん、この近くで仕事をしているそうじゃないか。見に行こう」とおっしゃるんです。ところが、「風の教会」の工事は大林組なんです。でも、錬一さんは「いいじゃないの」と。それで一緒に見に行くと、案の定、大林組の現場監督は困惑気味だったのですが、錬一さんは「ちょっと見せてくださいよ」と言って入っていく。昔の大らかだった時代の話ですね。

もちろん、錬一さんに大林組の仕事を偵察するなどという思いは一切ありません。ただただ、建築が好きなんです。とてもシンプルな話ですが、建設会社のトップは建築が好きでなければいけないんです。当時の大林組は大林芳郎さんという現社長のお父上が社長を務めていらっしゃいましたが、やはり建築が大変お好きでした。もちろん今のトップたちにも、建築好きの人はたくさんいます。しかし企業の構造が複雑化して、リーダーのそういった純粋な思いがなかなかストレートには仕事に反映されづらくなっている。こういう時代に建築をつくる難しさをひしひしと感じています。熱意を持ったリーダーのもとで、やりがいのある仕事ができれば、社員の士気も上がり、結局それが企業の元気につながると思うのですが。

2017年、京丹後市久美浜町の「和久傳ノ森」に、「森の中の家 安野光雅館」ができました。京都の料亭「和久傳」の女将が画家の安野光雅さんの作品をたくさん所有しており、それを展示する美術館の設計を依頼されたのです。

その際、建設工事を長谷工コーポレーションにお願いしたいと相談されました。当時の辻範明社長（現会長）と仲が良かったからなのですが、ご存じの通り長谷工と言えばマンション業界のリーディングカンパニーです。文化施設の実績は他のゼネコンと比べて少なく、担当の営業部長も「自分たちにできるでしょうか」と最初は及び腰でした。しかしいざ工事が始まってみると、施工チームや技術屋、職人たちはものすごく頑張ってくださり、精度の高い仕事をしていただきました。結果完成した美術館は、小ぶりながらもつくり手の思いがこもったものとなり、長谷工の社内でもここ数年で一番話題になる建物となったそうです。

「風の教会」（1986年）

担当者も、「森の中の家 安野光雅館」の仕事を手掛けたことで、マンションだけでなく、他の方向性の事業にも新しい可能性を感じることができ、社内が活気づいたとおっしゃってくださいました。建設会社の社長は、社員一人一人の生活を支える責任がありますから、もちろん売上や利益を延ばすことをまず考えていかなければなりません。しかし一方で、社員たちがプライドを持てるような、やりがいのある仕事を提供するのも、リーダーとしての大切な仕事なんだと改めて思いました。

内部留保を増やすより、社員が自分たちの仕事や会社に愛情を持てることの方が素晴らしい。建築に携わる仕事は、つくり手にも誇りを持たせることができるのです。

「和久傳ノ森」（2017年）

人間が子どもを育てるように、
建築も生まれたら育てないといけない

建築の仕事は、建物を建ててどれだけ利益を上げるか、それだけを考えるものではありません。我々は次の時代に建築という文化を伝えていく役割を担っているはずです。ただ、新しい建物をつくっては壊し、を続けるのではなく、50年後、100年後と、残していくことを考えなければなりません。

建築をどのように保存するのかは難しい問題です。例えば1983年に完成した六甲の集合住宅はすでに40年近く経っています。芦屋の小篠邸も1981年に完成し、ちょうど40年が経ちました。幸いなことに、クライアントの方々が愛着を感じていただいているのか、それぞれ定期的にメンテナンスを繰り返し、今もとてもきれいな状態で使っていただいています。

建築は、建てたらそこで終わり、というわけではありません。仮に10年に1回でもメンテナンスをすれば、100年くらいはまったく問題なく使えます。そのように建築が長生きするためには、クライアントと向き合っていかなければなりません。人が住んでいるのだから、付き合いがなくなれば当たり前のように建築は変わってしまいます。

今まで関わった仕事のほとんどは、建築が完成してからも何らかの手を入れているので、クライアントとずっとお付き合いが続いています。例えば直島のプロジェクトは1987年（昭和62）に始まり、40年近く関わっています。ベネッセホールディングスの福武總一郎さんから、直島を芸術の島にしたいという構想を最初に聞いた時には、「こんな離島に人が来るのか」と、理解に苦しんだものでした。しかし福武さんは信念を持ってこの壮大な事業を成し遂げ、今や直島は世界中から芸術愛好家が集まる文字通り「文化の島」となりました。あの時福武さんの熱意を信じて、ずっと関わって来られたことを私自身も誇りに思っています。

ロック・フィールドの岩田弘三さんとも、もう50年近くの付き合いで、ずっと一緒に仕事をさせて頂いています。ロック・フィールドといえば、神戸コロッケで有名ですが、日本の中食文化の草分け的存在です。神戸の北野町で商業建築の設計をしていた頃に出会いまし

「六甲の集合住宅」（1983年・Ⅰ期、1993年・Ⅱ期、1999年・Ⅲ期）

「小篠邸」（1981年）

「ベネッセハウス ミュージアム」（1992年開館）

た。それから工場をつくり、本社をつくり、また工場をつくり、それを何回も増築して…と続けている。最初につくった静岡の工場は、丁寧にメンテナンスが重ねられ、今では豊かに育った緑に囲まれています。

人間が子どもを育てるように、建築も生まれたら育てなければいけません。愛情を注いで面倒を見れば、建築も使い手と共に成長していくのです。

「ロック・フィールド静岡ファクトリー」(1991年・第1期竣工)

大阪は具体的な場所なんです。
建物が合理的で使いやすいという前に、
『いくら？』となる

すいぶん前の話ですが、日建設計の社長を務められた薬袋公明（みないきみあき）さんが、大阪ガスビル(→P.69)のレストランで食事をご馳走してくださったことがありました。そのお返しに薬袋さんが日建設計をお辞めになる時には、私がご馳走させてもらいました。大阪ガスビルといえば、安井武雄の設計による、大阪を代表する近代建築。そこのレストランで、大阪の建築の歴史についていろいろと面白い話を聞かせて頂きました。

都市計画の先駆者である片岡安は「大阪で設計料を取れるようになったのは誰のおかげだ！」と言ったそうですが、確かに大阪は具体的な場所です。建物が便利で合理的で使いやすいという前に、まず「お金はいくらかかるの？」となる。東京には見栄があるけれど、大阪にはない。しかし、見栄でつくる建築と現実でつくる建築には大きな差が出る。大阪は本音ばかりですが、建前がなければ面白い建築は生まれない。その間を生き抜いていかなければならないのですから、大阪の建築家とはなかなか厄介な仕事です。

しかし、そんな大阪にも「建前」のある魅力的な建築はたくさんあります。例えば三井住友銀行大阪本店(→P.87)の重厚なファサードを見ると、企業の威信をかけて、かなりの費用を注いでいることがわかります。建て替え前の阪急のステーションビルなどを見ても、当時の「東京に負けないぞ」という気概が感じられます。

綿業会館(→P.88)も大阪城を再建するよりはるかに巨額の費用が投じられたと言われています。そういう建築を、外から眺めるのならいつでも見られるチャンスがある。W・M・ヴォーリズが設計した心斎橋の大丸百貨店(→P.79)などは、建物の隅々までまるで工芸品のようです。百貨店で、現在も誰でも入ることができる。こういう建築があるのはやっぱりすごいことですよ。

丹下健三さんが設計した国立代々木競技場(1964年)あたりまでは、建築家にも国にも建設会社にも「他の国にできないことをやってやろう」という意気込みがあった。初めてのことに挑戦しようとしたんだなと思います。

大阪にはもともと、東京以上にチャレンジする土壌があったはずです。工芸的に面白いものもあれば、構想力が面白いものもある。あるいは社会的に面白いものもある。建築の面白さにもいろいろな種類があるということを伝えていくのが大事です。一つひとつの建物のどこが面白いのかを考えていく。日本は昔から建築文化のレベルは高いんです。これを次の時代に引き継いでいかなければいけないのです。

（聞き手／倉方俊輔・大阪市立大学教授）

安藤忠雄 あんどうただお
建築家。1941年大阪生まれ。独学で建築を学び、1969年に安藤忠雄建築研究所を設立。日本建築学会賞を受賞した「住吉の長屋」をはじめとする住宅や商業ビルを皮切りに、瞬く間に日本を代表する建築家となり、公共建築や教会も数多く手がける。現在も国内外で複数のプロジェクトが進行中。1997年、東京大学教授に就任し、2003年から名誉教授に。2010年文化勲章を受章。著書に『建築を語る』『連戦連敗』（東京大学出版会）ほか多数。

Contents

歴史を受け継ぎながら生まれ変わった、
「泊まれる」百貨店建築

談　澤田充（株式会社ケイオス代表取締役社長）

昭和初期の名百貨店建築として知られる髙島屋東別館。

2020年1月には、リノベーションを経て、滞在型ホテル「シタディーンなんば大阪」として

オープンしています。

外観や内部意匠を積極的に保存・活用していることから、今年、重要文化財に指定されました。

多くの物語に彩られた百貨店建築に「泊まれる」ことの面白さを、

大阪のエリアブランディングのプロが取材しました。

建築の魅力を
「素直」に楽しめるホテル

今、ホテルにはいろいろなタイプがあります。宿泊の機能に徹したホテルもあれば、非日常感で楽しませるホテルもある。その中でも「シタディーンなんば大阪」は、長期滞在客も利用しやすいサービスレジデンスと呼ばれるタイプの宿泊施設です。懐かしさのある雰囲気の中で自然体で過ごしながらも、「デパートメント」をデザインコンセプトとしたさまざまな仕掛けが高揚感をくすぐってくれます。

1990年代くらいまで、ホテルと言えば、一部の宿泊特化型を除きバンケットがあって結婚式もできるし、レストランもアーケード街もある「総合施設」でした。ところが、イアン・シュレーガーがプロデュースした「モーガンズニューヨーク」や1999年にアメリカのシアトルに故アレックス・コールダウッドが創業したライフスタイルホテル「エースホテル」がオープンすると、ホテルに暮らすように滞在しながら、その土地をゆっくり旅するスタイルが人気になっていきました。そうしたホテルでは、滞在を居心地のいいもの

にするため、カルチャーや音楽やエシカルといったコンセプトを掲げ、地元の街の人も一緒に楽しめ、自然とコミュニティが生まれるような工夫を凝らしています。

それらはホテルに新たな付加価値を取り入れているわけですが、こちらの場合は素直に百貨店だった時代の記憶を想起させるようにしています。コンセプチュアルなのに、持っているものを活かしている。クリエイターが考えた人工的なものではなく、過去の歴史を汲み上げる手法でアプローチしているのがユニークです。

もともとあった百貨店建築を上手に活用しながら、客室や廊下などに見られるアートワークではさらにその要素を強調しています。フロントはまさに百貨店そのものですよね。新しいのに「昔からあったんじゃないか?」と思わせるパーツもあって、新旧が入り組んで存在する謎解きのようなワクワク感があります。クリエイターはわざわざイメージを分解し再構築してから新たな表現を…と難しいことをやりがちですが、この歴史や目の前にある素材を活かす「素直さ」が一番の魅力になっていると感じます。

外壁は洗浄した上で剥離防止などの処理を行っている。

活用を可能にした
奇跡的な巡り合わせ

言い換えればそれが可能になるくらい百貨店建築の要素が残っていたということです。歴史的な建築をヘリテージとして活用することは世界的な潮流になっていますが、残念ながら大きく変わってしまっているケースも多々あります。訪れた人々がすぐに百貨店だと思い出せるというのは、貴重なことなのです。

髙島屋東別館は1923年（大正12）に松坂屋大阪店（木造）として開店しました。その後、1937年（昭和12）まで3期にわたって（4期は中断）増改築され、現在の姿になりました。1966年（昭和41）に松坂屋が天満橋へ移転すると、2年後に髙島屋が東別館として、事務所、髙島屋史料館や結婚式場などに活用されてきました。つまり、百貨店が閉店してからもう50年以上も経つのです。それにもかかわらずファサード（建物正面）もコリドー（廊下）も階段もエレベーターも、一目見ただけで百貨店だった歴史が

アーケードは床のデザインも洒落ている。

1階の階段やエレベーターなど、百貨店時代の面影があちこちに残る。

甦るくらい綺麗に残されている。それは所有者が変わってもずっと大切に使われてきたことの証でもあります。

もしもこの建物がもっとターミナルに近い恵まれた立地だったら、これほどいい状態で保存されていなかったかもしれません。超高層ビルに建て替わったり、百貨店だった時代をイメージできないくらい違うものになっていた可能性もあります。まるでシベリアの永久凍土の中で眠っていたマンモスのように、建築にとって、大阪の文化にとって、活かされるためのタイミングを待っていたのです。そこへ髙島屋とホテルが導かれるように出会った。少しでもタイミングがズレていたら違うものになっていたかもしれないと思うと、時代の巡り合わせを感じずにはいられません。

その背景には、心斎橋の大丸百貨店にも見られるように建築の価値を見直そうという機運の高まりがあるでしょう。イケフェス大阪の盛り上がりもきっと関わっているはずです。そこへインバウンドの波が訪れ、難波周辺も劇的に変わってきたタイミングで、滞在型ホテルというこの場所にふさわしいものができた。本当に奇跡的だと思います。

現在、百貨店業界は全国的に売り上げが減少しています。ショッピングセンターのような新しい形を模索しているグループもある中、髙島屋では百貨店業態に新たな挑戦を織り交ぜた取り組みが見られます。それは言い換えれば、オーセンティックなスタイルを大切に運営しているということ。江戸時代の呉服商をルーツとし、正統派百貨店の道のりを歩む髙島屋が所有していたことも、この建物にとっては功を奏したのではないでしょうか。

髙島屋史料館の展示室。

重要文化財指定を受けるため
オリジナルの部材を保存

今年の5月、この建物は重要文化財に指定されました。それはとても大きな課題を伴うことでした。なぜなら、ホテルを含む複合施設としてリノベーションすることを前提とした上で、重要文化財指定を目指すものだったからです。

通常、重要文化財は建てられた当時のまま保存することが求められます。そうではなく、リノベーションを行いながら、なおかつ重要文化財としての価値を残す。一体どうすれば実現できるのかを考えることから今回のプロジェクトは始まりました。

ホテルにするためには変えるべきところは大きく変更する必要があります。しかし、すべてを壊してしまうと文化財ではなくなってしまう。もちろん、取り壊して建て替える方が手間も費用もかかりません。そんなせめぎ合いの中で、第三者による調査委員会の意見も取り入れ、設計士の方々と協議しながら進めて来られました。

その中で考えられたのが、変えざるを得ない部分はオリジナルの部材を保存し、なくなってしまう箇所については綿密な記録を残すという方法でした。新しい壁を設置するものの、その壁を外せば元の姿が再現できるようになっています。文化庁とも綿密に連絡を取り合いながら進められたそうです。重要文化財指定の裏側にはそんな努力の積み重ねがありました。日本の重要文化財の概念を変える画期的なプロジェクトがここで行われていたのです。

これによって髙島屋は、東京の日本橋店とこの大阪の日本橋の建物と併せて、大阪と東京に重要文化財を所有することになりました。経済合理性を追求するには自由に変化できる方が便利であり、その足枷になるため重要文化財に指定されることを敬遠する小売店も多いのが実情です。その中では異色の選択と言えるかもしれません。

今回の取材では、オリジナルの部材が保管されている髙島屋史料館の地下倉庫も見せていただきました。昔使われていた時計、床材のサンプル、看板、照明、装飾のための金具…。それらを眺めていると、かつての百貨店の賑わいをイメージすることができます。歴史を想像できる状態で残しておくというのは実に面白い試みです。髙島屋の歩みを紹介する髙島屋史料館（3階）に勝るとも劣らず、小さな何気ない空間がとても楽しく、見ているだけでわくわくしました。

建築の楽しみ方を 改めて教えてくれる場所

百貨店はものを売るだけの場所ではなく、美術館としての機能もあれば遊園地でもあり、冠婚葬祭の相談をするところでもありました。人生の節目に集まる場所だったことの記憶がちりばめられています。そ

んなことを思いながらこの建築を眺めるのは純粋に楽しかったです。

建物をホテルにコンバージョンする例は世界中にありますが、百貨店だった建物に泊まれるというのは誰もが喜べる体験です。大勢の人がここにあった大食堂でご飯を食べ、結婚式を挙げた。人を楽しませるということをDNAとして受け継いだ場所なんですから。装飾様式や設計者などのディテールを知るのは面白いものですが、そうした知識がなくても建築は楽しめるのだと改めて実感できました。誤解を恐れずに言えば、建築を見るのが初めての人でもちゃんと楽しめる場所だと思います。

長期滞在が可能なホテルなので、キッチン付きの部屋も多く、共用のキッチン＆ダイニングもある。近所の黒門市場で買った食材をそこで料理して食べるのもいいですよね。難波や新世界にも近く、大阪観光にはぴったりの場所です。大阪の人が利用してもきっと楽しめるはずです。

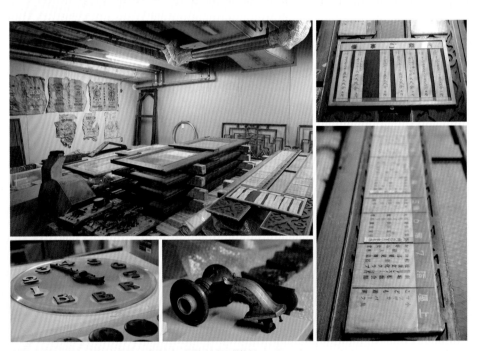

髙島屋史料館が所管する地下の倉庫には貴重な古い部材が大切に保管されている。

2階の連続するアーチに面した客室。

昔のように観光客用にあつらえられたものは今や価値を失い、地元の人が楽しんでいるものが観光客にも喜ばれる時代になりました。ということは、観光で訪れた人に喜んでもらうためには地元の人が喜べるものでないといけない。そうした文脈にも沿っていると思いますし、何よりイケフェス大阪を楽しむためには持ってこいのホテルですよね。

髙島屋史料館

髙島屋の発展の歴史をさまざまな歴史的資料や模型などで楽しく学べるミュージアム。創業以来の資料を保存し、公開することを目的に1970年(昭和45)、髙島屋東別館(P.79)3階に開館。百貨店に関連する資料のほか、美術品や創業家文書など収蔵資料は約50,000点。2020年には開館50周年を迎えた。
https://www.takashimaya.co.jp/shiryokan/

シタディーンなんば大阪

東京、京都に次ぐ国内4軒目の「シタディーン」ブランドのホテルとして2020年1月にオープン。さまざまなサイズやタイプの客室があり、旅行スタイルに応じて選ぶことができる。施設内にはジムやミーティングルーム、キッズルームなどが用意されており、長期滞在客にも便利。重要文化財に宿泊しながら大阪観光を楽しめるという貴重な体験ができる。
https://www.discoverasr.com/ja/citadines/japan/citadines-namba-osaka

街に開き、人と対話する、
新世代の建築家たちを訪ねて

聞き手｜倉方俊輔（大阪市立大学教授）

design SU
白須寛規さん

今、大阪では若い世代の建築家の活躍が目立っています。
共通しているのは、ある場所に根を張り、
ゆっくりと人間関係を積み重ね、
その対話を建築やプロジェクトに活かしているところ。
街に新しい風景を生み出している建築家たちは、
どんなことを考えているのか？ 倉方俊輔さんが訪ねました。

SPACESPACE
香川貴範さん
岸上純子さん

YAP
山口陽登さん

NO ARCHITECTS
西山広志さん
奥平桂子さん

design SU 白須寛規さん

大阪市内に建つ「並びの住宅」で関西建築家新人賞に輝いた白須寛規さん。その事務所は上本町の角地に建つ「上町荘」にあります。ここで初めて大阪の中心部で生活することになったという白須さんをまずは訪ねました。

利益ではない部分に
大阪の風土が現れる

白須　2013年に上町荘に来た頃は都会的な距離の近さで話すのが苦手で(笑)。お昼ご飯を食べに行くと、店のおばちゃんがガンガン話しかけてくるのに驚きました。

倉方　確かに大阪の人はよく喋りますよね。

白須　それって飲食店の利益にはまったく関係ないじゃないですか。大阪はよく寄付文化だと言われ、誰かが持ち出すことで御堂筋や中央公会堂ができたと言われたりしますが、あまりピンとこなかったんです。ところが、そういうお金のやりとり以外でのコミュニケーションに触れて、大阪の都市が持つ建築文化の根本に触れた気がしました。

倉方　何かを与えると、最終的にはぐるっと世間を巡って戻ってくる。大阪に暮らすと、そんな考えが無意識に身につくのかもしれませんね。それは信仰と言ってもいい。設計の仕事も似たところがあって、誰か見るかもしれない外観だから、ちょっと気遣った方がいいんじゃないか。住む人が後で喜んでくれる

はずだから、ここ工夫しておいたほうがいいんじゃないか。そういう短期的な利益や商売に結びつかない部分を考えるのが、建築家だと思うんですよ。

白須　住宅の場合、お客さんの要望を聞いていれば、敷地の外なんて気にする必要はなく、法律さえ守っていればなんでも建てられる。でも、先日手がけた「並びの住宅」では、あえて周囲の住宅の要素を取り入れ、外観や内部空間もそれに沿ったものにしました。それが何に寄与しているのか、実はよくわかりません。ただ、態度として「うちの家が一番いい」というものを設計するのではなく、「この街のここがいいよね」というリスペクトを示す方が、そこに住む人も心地よくいられる気がしたんです。敷地の中だけで考えるのは、大阪の風土には馴染まないんだと思います。

倉方　住宅というのは、住んでいる人が良ければそれでいいと思われがちな建築の種類かもしれない。でも、周りにもともとあったものも実はいいものだと思えるように建てれば、街全体がいいように見えてくる。ありふれているからこそ街に寄与するものであるわけですね。

白須　敷地境界線なんて実際には見えないものですからね。そう考えると、例えば植木をたくさん並べている方とか、あれは完全に公的な振る舞いですよね。それによって周囲の価値を保つのが大阪における住宅の文化なんでしょうか。

倉方　建築家はそうした発見をする人でもあるし、あるいは建物を設計することによって発見させたりする。発見を連鎖させるような存在ですね。

「並びの住宅」　撮影：繁田諭

時間に対して形を与えるのが
建築家の役目

倉方　「並びの住宅」での関西建築家新人賞受賞、おめでとうございます。どんな設計をされたか、教えていただけますか？

白須　南北に並んだ敷地で、共に道路に面しています。敷地的には余裕があり、塀を建てて建物を真ん中に配置しがちなのですが、この家の周辺には塀のある建物はほとんどないんです。そこで道路側に建物を寄せ、道路からの引きを周囲と揃えました。家族構成が外からはわからないようにするため、1階なのか2階なのかわからないボリュームにし、周りに紛れるように工夫しています。道路側には収納や半屋外空間を持ってきて、プライベートスペースを道路から遠ざける狙いもあります。だから、外から見ると街に馴染んでいるけれど、中のあり方は実は全然違う。そんな二面性がある住宅です。

倉方　ある種のアノニマス性（匿名性）って住んでいる人を守る効果もありますよね。

白須　そうなんです。先日、学生を案内したら、「どれかわからなかった」と言われて。狙い通りでむちゃくちゃ嬉しかったです（笑）。

倉方　ある種、最高の褒め言葉ですね。確かに変わった外観や鎧みたいに塀で守ると、余計に目立ってしまう。プライバシーがこれほど言われる世の中で、一人暮らしなのか家族で住んでいるのかが、建築の形に現れることの方がおかしいのかも。そんな発見がありました。

白須　設計で関わる期間は短くても、住んでいるうちに家族って増えたり減ったりするから、いちいちそれが外観に表れていたら大変ですよね。だからこそ住宅もまた公共的であるべきで、私的なものに公共的な価値を挟むことの大切を伝えるのは、建築を専門とする者の責務かなと考えました。

倉方　頼む方は一生に1回か2回だけど、建築家の方はさまざまな種類の建物を手がけている。その経験に基づいて20年や30年の長い期間を想定して、後々の変化も想定して応える。家族の「時間」に対して設計し、形を与えるのがプロですよね。

白須　大阪は歴史があるので、50年前の風景がそのまま残っている。でも、そこで営まれている生活は昔とは全然違って、今の僕たちと同じ。そういう時空をまたいだ風景が存在していて、少し歩けばその刺激に簡単に触れられるのは大阪の真ん中にいる特権ですね。

白須寛規（しらす・ひろのり）
2004年、大阪市立大学大学院修士課程修了。島田陽建築設計事務所勤務を経て、2010年に独立。2013年に「上町荘」へ事務所を移し、現在は住宅を中心に設計活動を続ける。2021年、第13回関西建築家新人賞を受賞。2019年より摂南大学理工学部建築学科講師。

YAP　山口陽登さん

続いて訪ねたのは山口陽登さん。白須
寛規さんと共同代表を務める上町荘に
事務所を構えています。大阪生まれ・大
阪育ちの建築家である山口さん。ずっと
この街にいるからこそ見える、大阪の建
築や建築家のユニークさとは？

誰かの役に立つことが「おもろい」

倉方　生まれ育ちも、そして活躍の場も大阪という建築家って意外に少ないですよね。

山口　建築家としてのスタートは東京だったのですが、想像以上に水が合わなくて（苦笑）。やっぱり今後も大阪で活動し続けるんでしょうね。

倉方　そうやって大阪の建築家であり続けようとするにあたって、どんなことを考えていますか？

山口　なぜ大阪が肌に合うのかと考えると、コミュニケーションだと思うんですね。人と話していて、「こういうのが面白い」という感覚が合う。大阪の人は、街の役に立つことや誰かが喜んでくれる時に「おもろい」という言葉を使うのだと気づいたんです。

倉方　なるほど。個人的な感情じゃなくて、自分と相手とそこにいない誰かが一緒になって何か目標を達成できるという時に「おもろい」という言葉を使う気がします。

山口　しかもそれが大企業でも変わらない。「上本町YUFURA」を設計した時に、施主である近鉄の方々が、「それおもろいな」と言うんですよ。そこに歴史を感じるというか、このビルの前にあった近鉄劇場を建てる時にも、村野藤吾さんと同じような空気感で話していたんじゃないかなって。その会話自体が街をつくっているようで感激したんです。

倉方　いい意味での「企て」というか、そんな雰囲気が企業にもあると。

山口　そうなんです。だから、「ここに広場があった方が絶対ええわ」くらいのスピード感で進んでいく。実はこの広場をつくるのはものすごく大変だったんですよ。元にあった広場を都市計画的に廃道にして、北側の近鉄百貨店・シェラトン都ホテルと同じ区画にするための区画整理を行っている。だから近鉄百貨店と上本町YUFURAをいくつかの階で繋げることができたんです。1階は商業施設にとって生命線で、そこに広場が必要だと判断したところに関西の民間企業の民度を感じました。

自分と相手を含む大阪的公共性

倉方　大阪で活動する中で、特に大事にされていることは何でしょう？

多くの人々が行き交う上本町YUFURAの広場。

山口　今の話にも関わりますが、大阪という街の役に立つ建築をつくりたいということです。例えばこのオフィスもシャッターを降ろしていると街の風景として寂しい。だから、シャッターを開けてオフィスを街に開放することによって、通りがかる人たちに「前より良くなったな」と感じて欲しかった。大阪の人って「みんな喜んでくれるやろ」というのが好きなんですよ。民間人でありながら公に資することをやりたい。

倉方　確かに、イケフェス大阪もそのような、それを「公共性」と呼んでしまうと少しずれてしまう何かによって支えられていると感じます。公共性という言葉には、自分を抜きにしているような感じがある。でも、さっきの「おもろい」とかって、必ず自分と目の前の相手が含まれています。YUFURAの広場も社会が必要としていると言えなくもないけど、根本で支えているのは公共性じゃない。それが「おもろい」と思った自分や相手で、そこから始まる方が第三者にも届く、揺るがないものであり続ける気がします。イケフェス大阪に継続性があるのも、客観的な「公共性」から始まっているのではなく、建物公開に関わる人たち自身が中心にいるからではないかと。

山口　そうですね。公共性とかではなくもっとラフなんですが…。

倉方　その大阪的なるものを言葉にするのが大阪の建築家の役割かもしれませんね。

村野藤吾が体現した建築家のあり方

山口　上本町YUFURAに関わった時、初めて村野さんに触れたように感じたんです。村野さんの建築って商業施設と公共施設の名作の価値が変わらない。ひょっとしたら10年で壊されるかもしれない商業施設も、公共施設と同じクオリティと力量でつくっている。つまり、村野さんは常に公共施設をつくっていたんです。今や商業施設はどんどん壊されていますが、村野さんほどの人ならこうなることはわかっていたはずです。それでも、やる。民間企業が持っていた「街をつくる」ことの凄みが村野さんに伝播していたような気がして、だから偉大なのだとわかりました。大阪の建築家は街をつくってきた公共の建築家なんです。そういう部分こそ僕たち大阪の建築家は受け継いでいかないといけない。

倉方　次の世代を育てることも含めて、大阪の建築をとりまく環境をよくしていきたいと?

山口　大阪には誰がいつ行ってもいい場所が少ない気がするんです。僕はなんばパークスが好きなのですが、それはあの階段状のエリアには1日中座っていても良さそうな気がするから。自分が建築を考える時にも、クライアント以外の人に向けてどれだけ開かれているかを求めていきたい。その結果、お年寄りから子どもまで誰が使ってもいい状況が生まれれば最高だと思います。上町荘も小学生が勝手に入ってトイレを使ったりするんですよ。子どもでも入って良い雰囲気が出ているのなら嬉しいですね。そういう構えの建築をたくさんつくりたいと思っています。

山口陽登（やまぐち・あきと）
2005年、大阪市立大学大学院修士課程修了。株式会社日本設計にて勤務後、2013年に上町荘を白須寛規と共同主宰すると共にYAPを設立。住宅や店舗からオフィス、商業施設まで幅広く手がける。2009年より大阪市立大学非常勤講師。

NO ARCHITECTS 西山広志さん 奥平桂子さん

続いて訪れたのは大阪市此花区を拠点に活動するNO ARCHITECTSのお二人。
空き家のリノベーションを中心に、アートイベントの企画やカフェの運営など、建築と
アートの領域を跨いだユニークな取り組みを通して、街づくりを実践しています。

街で磨かれた建築家の職能

倉方 この街とお二人の関わりというのは、いつ頃からですか?

奥平 此花区の梅香・四貫島エリアで街づくり的な動きが始まったのは2007年頃からです。私たちが、学生時代からお世話になっている永田宏和さんを中心に、アートを媒介にしたさまざまな活動がスタートし、私たちもそのお手伝いをきっかけに2009年頃から関わるようになりました。

倉方 活動の始まり自体が、此花区という場所と共にあると。

奥平 当時は街の魅力を発見して価値に変えていく段階で、建築家も関わりが少なく、空き家をはじめとした課題もたくさんあって、いわば最もクリエティブな状態でした。私たちもだんだん知り合いができて面白い街だなと感じ始めていた時期に、大学の先輩で、工務店の大川輝さんに誘われて、シェアオフィスとして事務所を移すことにしたのです。

倉方 アートによる街づくりが先にあって、後から建築家のお二人が加わったという順番が面白いです。この場所に根を下ろして、どのような動きがスタートしましたか?

西山 もともと地主さんや不動産会社と連携したプロジェクトなので、事務所ができると空き家をはじめとした街の情報をたくさん耳にするようになりました。その中で、カフェの設計や空き家のリノベーションに関わるうちに、自分たちの役割や職能が炙り出されるんです。デザインソフトを使えるとか、この材料でこんな家具ができるとか。「こういう仕事がしたい」ではなく、「これができるからやりましょうか?」みたいな感じで、だんだん「街の人」になっていった。するとまた面白くなってきて、「あそこはこうなったらいいな」という視点に変わってくる。そこで2013年に結婚を機に引っ越してきました。

倉方 求められるものに役立っていくことで、まずは街に入っていく。受動的な流れに慣れてきたら、だんだんと能動的になって、街をより具体的にどう動かしていくか考えられるようになる。そういうモードになるとさらに楽しくなってきますよね。

西山　建築の職能を活かして密接に関わっていく中で、心身ともに「街の建築家」になっていったという感じですね。実際に住んで活動するからこそ求められる職能があって、それに対して応えたい気持ちもありましたから。

変わりゆく街のストーリーに寄り添う

倉方　建築家にできることの一つが「可視化」だと言えそうです。外観が新しくなる、空き家だった家に人が住み始める、建築家は街の変化に実空間を与えることができます。お二人はそれを成し遂げていますよね。

西山　最初から大きいものを建てたり、最後まで完結したものをつくるのではなくて、今絶対に必要なものを必要な場所に一つずつつくっていく。終わりが読めるような展開ではなく、常に変わっていくストーリーに対して緩やかにジョイントしていく。そういうスタイルがこの街には合っているのかなと思います。僕たちもその登場人物の一人として楽しみながらも、少し俯瞰した場所から客観的に街の全体を眺めようとしています。大阪の文化としてどうか、関西と関東における対比の中でどうか。複数の視点を持つのも建築家の職能だと思うし、長期的なビジョンを持つのもその一つ。レンジを変えながら街を見る。それがこの街に活かされていくために必要なことかなと思います。

曜日や時間によりお店が変わるシェアショップ「モトタバコヤ」。

倉方　小さくてもたくさんのものを面的につくっていくと、街の人たちの気分も変わってきます。通常の建築設計事務所とは異なる仕事の進め方をしているからこそ、変わらない建築家の職能が何か、よく理解できます。

建築学科出身ではないことの強み

倉方　お二人は「さあ、設計しよう!」から始まっていないんですね。つまり、何をやる人か定義しづらいけれど、その場その場でチームを組み、どう動かすかを考える。そして、街のためでもあるけど、それを考えることをまず自分たちが楽しんでいるように思えます。

西山　そうですね。それは僕たちが建築学科ではなく環境デザイン学科出身というのが大きいと思います。最初に「建築とは環境の中でどのように存在するか?」を問う。何かを建てなくてもソフトで解決できるんじゃないか? ランドスケープがあって、街づくりがあって、都市計画があって、その中で建築はどういう風に位置づけられるのか? それを常に定義しないと、建築として評価されないような学科にいたので。建つことが前提になっていないんですよ。

倉方　経済的にも心理的にもそういう「手離れが悪い」ことは敬遠されがちです。でも、動いていく街の中でまた新たな機運が生まれてくることだって多い。だから、竣工後に変わることを前提として関わっているということですよね。それはここに暮らし、子どもを育てているアーキテクトだからこそできるもの。とても面白くて、未来に続く大事なあり方だと思います。

ノー・アーキテクツ
西山広志、奥平桂子によるユニット。2009年、神戸芸術工科大学大学院を共に修了し、活動を開始。2011年、大阪市此花区へ事務所を移転するのに伴いNO ARCHITECTSを設立。此花区を拠点に、建築設計やデザイン、カフェ運営、街づくりなど活動は多岐にわたる。

SPACESPACE 香川貴範さん 岸上純子さん

最後に訪れたのは中津商店街。事務所移転を機に商店街の再生にも加わることになったSPACESPACEのお二人です。商店街の古い店舗をリノベーションした事務所兼住宅や、お二人の活動、そしてそのロケーションにも大阪らしさが溢れています。

街と関わりながら活動できる場所

倉方　何と言ってもこの場所が面白いですよね。

岸上　もともと学生の頃から中津ではよく遊んでいて、20年くらい前には商店街もそこそこ賑わっていたんです。最近は寂しくなりましたが、梅田から近くてすごく可能性はあるはずで、街と関わりながら建築家として活動するのにはちょうどいい場所かなと思いました。

倉方　その直感は具体的にはどのようなものだったんですか?

岸上　建築ってすごく街に影響を与えるものだと思うんです。10年ほど前、奈良の町家が並ぶエリアで、学生の相談を受けて改修や運営のお手伝いをしたんです。最初はすごく上手くいっていたのに、メインの学生たちが卒業すると全然使われなくなってしまって。その経験があったので、自分が街のキーマンになれる場所がいいなという気持ちがあり、ここならそれができるんじゃないかなと。この建物の使い方が周りに派生したり、いろいろなメッセージが発信できそうな期待がありました。

香川　建築としては初めから明確なビジョンがあったわけではないんです。ただ、リノベーションも方法がパターン化してきていて、古い部材をどう残すかとか、新旧の対比みたいな構図が基本になってしまった。それについて新しい方法を考えることには意義があるかなと思いました。

分かれているようで、繋がっている

倉方　機能を改変すること自体が、建築的なテーマになりうるということですね。それで、どのような手法をとられましたか?

香川　リノベーションなので基本的な空間構成や骨組みなど全体形は変えられません。その中で、床や柱といった既存部材について考える時に、例えば柱に時計を付けたりハンガーを付けたり、少しずつ機能を足していくと、それぞれの部材の周りに新しい

ガジェットの一例。柱と洋服を掛ける機能が組み合わさっている。

用途が発生する。それを「ガジェット」と呼んでいます。1階も2階も事務所と住居のワンルームずつですが、部屋で区切るのではなく、ガジェットの周りに機能が発生する。そういう方法を考えました。

倉方 柱や梁や床の機能を拡大し、それぞれの場に性格を与えることで、人の行動があちこちへ集まっていく。各部を自在にすることで、全体の固い構成を感じさせないですね。

香川 機能は部屋で区切るみたいな常識があるじゃないですか。そうなると設計において見えなくなることも多い。ガジェットによって、人が建築と一体になることで行動を誘発する設計手法もあるんじゃないかというのがここでの提案です。

岸上 ファサードを全面ガラス張りにするのも大事にしたところで、設計事務所ってどんな仕事をしているか知らない人が多いと思うんです。ちゃんと外から

事務所の床には建材のサンプルが敷かれ、「標本」と名付けられている。

見えるようにすれば、私たちの仕事や考えていることが徐々に伝わっていくだろうし、そもそもシャッターをなくしたい、街に開きたいと思っていましたから。

倉方 職住一体の建築の場合、働くスペースと住居は二分されることが多いのですが、上下を貫くガジェットがあったり、分かれているようで実は繋がっていたりする。そういう建築と建築じゃないものを一緒にした建物としての新しさと、どこからどこまでが誰のものかはっきりしない商店街の場所性が似ている気がします。

事務所前の屋台を使ったイベントの様子。　撮影：SPACESPACE

個人が街を変える可能性がある

倉方 商店街の人たちとはどんな付き合いなんですか？

岸上 ここへ移ってきた時には商店会がなくなっていたのですが、アーケード改修の問題があり、私たちが呼びかけて商店会をつくり直し、まずは一旦テントだけを取り外すことにしました。あとは事務所の前で屋台やイベントをやったりしています。中津の人だけでなく他の街に住む知り合いにも来てもらって、新しい人が入ってきてくれると嬉しいなと思っています。

香川 屋台といっても酒屋さんでお酒を買ってきて売るだけ。アテがないから、みんな向かいの駄菓子屋さんでスルメ買ったりしています（笑）。

岸上 近所のカレー屋さんもここまで届けてくれたり。

倉方　その自然な感じがいい（笑）。こういう空間って不思議ですよね。路地と言っていいようなスケール感で、普通の道路とは違うし、私有地でもないけど、こういう関係性が自然に発生してくる。

岸上　下町の良さというか、街を使い倒そうとしている人は多いと感じますね。自分の領域じゃないところを使ったり、そういう可能性が最近は面白いなと思います。

香川　東京ってどこへ行っても資本が入っていて、どんな細い路地にも有名な店がある。大阪にはそういうことはあまりなくて、人の密度はあるけど開発されていない部分がまだ残されているのが面白いところですね。

倉方　東京だと資本や仕掛けがどうしても鼻につきがちですよね。そして、それがない状態で個人が思いつきでやっても無理という空気が覆っているのか

も。でも、大阪には、大都市なんだけど個人の企てが場を変える余地が残されている。ここもまさにそうですよね。

岸上　そう、勝手に屋台をやって。

倉方　イケフェス大阪自体がそもそも勝手にやっているもので、その連合体だから、いろんな事態が起こっても負けない。大阪の気質から来る強靭さを、ここにも強く感じます。

スペーススペース

2006年、香川貴範によって設立。2010年、岸上純子が参加。関西を中心に、住宅やリフォーム、高齢者福祉施設、店舗などさまざまな設計の分野で活動を展開。2017年に中津商店街に事務所を移転。屋台イベントを開催するなど、街づくり的な活動にも関わる。

定義を更新する建築家たち　倉方俊輔

「建築家」という言葉は、どんなイメージをまとっているだろうか？ 建築士のこと？ 変わったデザインをする人？ どれも正解かもしれないし、十分でないのかもしれない。「建築家とは○○である」。そんな定義ができたら良いのだけど、そうした定義を更新していくのが「建築家」だから、面白い。

　4人（組）の建築家を訪ねると、大阪のまちと人に関する雑談のような内容が、都市や建築のありようにつながったりする。プライベートな暮らしのスタイルと、公共的な将来への希望がハーモニーを奏でる。外から観察して操作する人というよりも、この人もその中にいるんだなといった感じを受ける。人の動きを観察して、物の効果を発見し、具体的な形を操作して、またその経過を見ているのだ。えいやっと決めてしまうのではなく、具体的な場所に身を置いて、時間の中で建築の効果を確かめていくことを楽しんでいる。そんな姿勢が共通している。これはけっこう強そうだ。なぜなら、一人の人間として確信を持ったものなので、手にした手法は個性的であり、そこに人間がいる限り、世界で応用が利かない場所はないのだから。

　大阪のまちに残る建築も、こうした建築家の育てを後押ししている。その背後にもまた建築家がいる。そもそも何をどこまで設計すべきなのか、社会のどんな側面に応えるべき仕事なのか。前の世代に疑問を抱きながら、新たな生き方で更新し、自分で自分を育ててきた建築家たちの連鎖。大阪らしい新世代の姿が見えてきた。

大阪中之島美術館のコレクションに見る
建築と絵画の近代

文｜菅谷富夫（大阪中之島美術館館長）

アートファンのみならず、その個性的な外観から建築ファンからもオープンが
待ち遠しいという声が寄せられている大阪中之島美術館。
そのコレクションの中には建築物が描かれた作品が多く含まれています。
館長に就任したばかりの菅谷富夫さんに、「描かれた建築」という
ちょっと変わった建築の楽しみ方を紹介していただきましょう。

絵画の主要なモティーフには、旧くから人物や静物（身近なモノ）と並んで風景がある。

　風景の中には人間の造形物である建築が添えられることが多い。それは洋の東西を問わず、西洋の風景画にも東アジアの水墨画にも現れる。もちろん荒れ狂う海だけを描いたロマン派のような作品もあるが、多くは自然と人の営みの痕跡である建築（小屋や廃墟も含めて）が描かれることが多い。そしてそれは大阪を描いた近代絵画においても同様である。ここでは大阪中之島美術館のコレクションから、建築物が描かれた美術作品を紹介してみたい。

大阪で描かれる風景といえば、第一に挙げられるのは中之島である。大阪中之島美術館のコレクションにも数多く収蔵されているが、まずは代表的な作品として池田遙邨の《雪の大阪》を紹介したい。1928年（昭和3）の早春に降った大雪の日の中之島風景を、難波橋あたりから東に向かって描いている。噴水などの公園はもちろん、上部には土佐堀川から大川沿いの建物がほぼ正確に描かれている。画面右上の茶色のビルディングは当時の大林組本社ビル、その先の塔は天満橋近くの北大江公園の辺りにあったロシア正教会、その右には現在も残るモダンな大阪府庁舎が描かれている。さらには画面上にまだ天守閣が再建される前の大阪城が描かれ、重なるように広がる石垣と、その中には戦災で消失して紀州御殿の大屋根も描かれている。高い視点から描かれた作品の構図は古画の研究成果と言われるが、建物の配置や形は遙邨の現場での正確なスケッチの成果であろう。

池田遙邨《雪の大阪》1928年　大阪中之島美術館蔵

小出楢重《街景》
1925年
大阪中之島美術館蔵

　《雪の大阪》が描かれた数年後、ほぼ同時代の中之島を
西に向かって描いた作品に小出楢重の《街景》(1925年・大
正14)がある。これはよく知られた作品であるが、昨年、やっと
大阪中之島美術館のコレクションに加えられた。こちらは中之
島の北側を流れる堂島川沿いにあった昭和初期の建築物が
描かれている。画面上部に描かれた白い建物は逓信省の建
物で今は失われており、その跡にNTTのビル群が立っている。
その向かいには今では外壁などをのこして再生されたダイビル
が元々の堂々たる姿で描かれ、ボイラーの煙をなびかせている。
《雪の大阪》に見られた日本家屋は、この作品では中之島中
心部という地域のためかほとんど見ることができず、建ち並ぶ
近代ビル群が当時の大阪のモダンさを伝えている。

　中之島は戦争を超えて1950年代になっても描かれている。
河井達海《燈ともる中之島》である。荒いタッチで描かれたの
は新朝日ビルで、描かれる前年の1958年(昭和33)にできた
フェスティバルホールのビルと言ったほうがわかりやすいかもし
れない。最上階の2フロアにABCラジオのスタジオがあったと
いう。そのため、この絵でもわかるように屋上にABCのネオン
サインが付いている。画面の上半分がビルディングであり、下
半分は水面に映る影である。水都大阪の建築の風情を湛えた
作品となっている。

河井達海《燈ともる中之島》1959年
大阪中之島美術館蔵

石丸一《卓上風景》1931年
大阪中之島美術館蔵

絵画に描かれる建築は実在のものとは限らない。目の前の風景を描いても作者の意図により、省略したり強調したりするのは古くからある手法であるが、20世紀になると画家たちの想像力はより自由になる。その一つがシュルレアリスムの絵画である。その流れをくむものとして石丸一《卓上風景》（1931年・昭和6）を挙げておこう。題名通りに三本脚のテーブルの上に箱庭にようにおかれたモダン建築。しかしその背景は書き割りのようでありながら、テーブルの置かれた場所の風景に同化している。現実の空間にねじれが生じているのである。ここで描かれた建築物は陸屋根のインターナショナルスタイルで、前衛画家であった石丸らしさを感じさせるものである。石丸は建築にも興味を持っていたようで、笹川慎一設計のよるアトリエを中山寺（宝塚

市）に建て、毎日のように大阪市内から通って作品制作に勤しんでいたという。

　1920年代から30年代にかけて時代の空気感が作用していたのか、石丸のような不思議な建築物は日本画の中にも現れる。1921年（大正10）の小林柯白《道頓堀の夜》には、題名通り大阪最大の繁華街の一つ道頓堀の夜の風景が描かれている。漆黒の闇の中、画面上の遠景には芝居小屋の櫓、その手前にはNHKの朝の連続テレビ小説『おちょやん』にも出てきた芝居茶屋が城壁のように描かれ、手前の川面には牡蠣船が並んでいる。まわりの闇とは対照的に、どの部屋からも障子越しの光がまばゆいばかりである。しかし人の影は一つもない。いわばここでの主人公は建物の窓であり、闇と光である。現代都市の高層ビル群の夜景にも通じる都市の中の孤独や、都市の非人間性のようなものを感じさせる不思議な光景である。

小林柯白《道頓堀の夜》1921年　大阪中之島美術館蔵

20世紀の新たな美術としてシュルレアリスムを紹介したが、同様に20世紀の新しい美術の手法としてコラージュがある。対象の一部または全体を切り取って他のものに貼り付けてまったく新しいものをつくりだす手法である。その手法で建物内部を再構成したのが、やなぎみわ《案内嬢の部屋 B1》（1997年・平成9）である。写真で構成されたこの風景は、どこかなじみがありそうで現実には存在しないものである。中央のエレベータはOCATのもの、それも90度に構成されて存在不可能な形に構成されている。さらに2階の手すりの飾り板は、かつての阪急百貨店のものだろうか。左右にどこまでも続いていそうな通路もどこかの建物からの引用であろう。ここにあるのは、現実を切り取り作者の想像力で構成された架空の建物空間である。

やなぎみわ《案内嬢の部屋 B1》1997年　大阪中之島美術館蔵

　このように、建築物はいつの時代にも人々とともにあり、同時に美術作品の重要なモティーフとなってきた。19世紀末から現代にいたるまで、都市として何度かの変遷を遂げてきた大阪は美術家たちに大きな刺激を与え、作品にその姿を留めてきている。2022年2月2日開館の大阪中之島美術館のコレクションにはそんな作品が数多く収集されており、展示される機会も多いと思う。その際にはぜひ足を運んでいただきたい。

大阪中之島美術館

→P.71

構想から約40年、2022年2月2日いよいよ開館を迎える。近現代の絵画史を通覧できるコレクションは国内屈指の質と量。デザイン作品や地元大阪に関わる作家、中之島を拠点に活動の礎を築き、近年世界的に評価の高まる「具体美術協会」にまつわる作品・資料も豊富に所蔵する。また、カフェやレストラン、芝生広場などを併設するなど、都市のプラットフォームになることを目指す。
https://nakka-art.jp

キーマンでたどる
大阪建築とセッケイ・ロード

大阪のまちを設計してきた建築家たちのDNAは、今も大阪の設計事務所に受け継がれています。
ここでは、「セッケイ・ロード2021」に参加する12の設計事務所の創設者、もしくはキーマンによる
代表的な"大阪建築"を通して、大阪の都市の造られ方を振り返ります。

画・文:宮沢 洋

1871 泉布観（せんぷかん）
大阪市北区
天満橋1-1-1

大阪最初期の西洋建築。造幣寮（現在の造幣局）の
応接所として建てられた。設計は英国人技師、T・
ウォートルス。2階建て・レンガ造りで、周囲にバル
コニーを巡らせた「ヴェランダ・コロニアル」様式。

T. ウォートルス
1842-1898

ウォートルスは1864年ごろ来日し、薩摩藩で
工場、大阪で造幣寮を設計した後、東京の銀
座レンガ街やイギリス公使館なども手がけ
た。設計事務所は残っていないが、大阪の
近代化の先兵として記憶しておきたい。

> お雇い外国人の時代
> ↓
> 国産建築家の時代へ

1892 大阪郵便電信局

大阪市北区中之島（現存せず）

逓信省技師時代の
佐立七次郎が設計
の中心となり、中之
島に建設された。
地上2階建てで、ロ
の字の平面を2つ並
べた本格的な西洋
風建築だった。

佐立七次郎（逓信省）（さたちしちじろう）
1856 - 1922

1885年（明治18）に設置された
「逓信省」の営繕課は、明治から
昭和初期にかけて、日本の建築
界をリードした。佐立七次郎は
その初期メンバーで、工部大学
校建築学科1期生。

1939 大阪中央郵便局

大阪市北区梅田3-2-4
（一部を保存して
建て替え中）

逓信省時代の吉田鉄郎の代表作の1つ。柱と梁の明快な架
構は、従来のレンガ造に基づく西洋建築の
様式に対して、木造の伝統に根ざす日本
らしい現代建築の可能性を示した。

吉田鉄郎（逓信省）
1894 - 1956

1919年東京帝国大学を卒業、逓信省に入る。
大阪中央郵便局などを設計し、逓信省営繕課
の評価を高める。なお、逓信省営繕課は戦後、
日本電子電話公社、NTTの営繕部門を経て、
1992年にNTTファシリティーズとなる。

大阪市北区
中之島1-2-10

1904 大阪府立中之島図書館

住友家第15代当主、住友吉左衛門友純（ともいと）が寄贈した公共図書館（当時は大阪図書館）。設計は住友本店臨時建築部の野口孫市と日高胖。建築顧問は辰野金吾が務めた。18年後の1922年（大正11）、日高の設計で本館の両翼（南北）に閲覧室が増築された。

野口孫市
1869-1915
＋ 日高胖
1875-1952

（いずれも住友本店臨時建築部）

1900年（明治33）、住友財閥は「住友本店臨時建築部」を創設。辰野金吾の教え子の野口孫市を技師長に、日高胖を技師とした。2人は住友本店臨時建築部、総本店営繕課で住友関連の建物を次々と実現。組織は長谷部・竹腰建築事務所に受け継がれ、1950年に日建設計工務、1970年に現在の日建設計となる。

1930 住友ビルディング

住友財閥が住友臨時建築部を創設するきっかけとなった建物。実際に設計の中心になったのは、第二世代の長谷部鋭吉（1885〜1960年）と竹腰健造（1888〜1981年）。

大阪市中央区北浜4-6-5

"大大阪の隆盛"

大阪市中央区
今橋4-4-11

安井武雄
1884-1955

東京帝国大学建築学科卒業。1924年、安井武雄建築事務所を開設。1951年、安井建築設計事務所に社名変更。安井の娘婿で1961年に社長となった佐野正一（1921〜2014年）が、事務所をさらに成長させた。

1924 大阪倶楽部

初代大阪倶楽部は野口孫市の設計で1914年に竣工したが、1922年に焼失。片岡安の事務所に在籍していた安井武雄が再建を担当した。

1933 大阪ガスビル

安井武雄が設計した第1期のデザインは、各階をめぐる庇の水平線と柱型のリズムが心地良い。約30年後の1966年、佐野正一の設計で北側に第2期が増築。

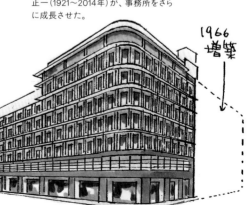

1966
増築

大阪市中央区平野町4-1-2

1950 関西ペイント旧本社ビル

関西ペイントが戦後復興の第一歩として、東畑謙三の設計で建てた本社ビル。シンプルな立面ながら、左右非対称にして変化をつけ、モザイクタイルの縦ラインに金の目地を入れた。

大阪市中央区（現存せず）

東畑謙三
1902-1998

京都大学大学院では「建築学研究」の編集に携わり、ル・コルビュジェをいち早く日本に紹介。欧米視察後、1932年に東畑謙三建築事務所を大阪で開設（1951年に東畑建築事務所に改称）。大阪駅前市街地改造事業の全体計画の中心となり、1970年に竣工した大阪駅前第1ビル、1983年に竣工した大阪駅前第4ビルも設計した。

大阪市北区梅田1-3-1

1970 大阪駅前第1ビル

戦後復興

1952
池田銀行本店ビル

現・池田泉州銀行池田営業部。大阪石本建築事務所設立の契機となったプロジェクト。石本喜久治にしてはやや意外にも思える新古典主義的な様式建築。

石本喜久治
1894-1963

東京帝国大学建築科在学中、「分離派建築会」の主導的メンバーとして活躍。卒業後、竹中工務店設計部に入る。1927年、片岡石本建築事務所を創設。1931年、石本建築事務所に改称。戦後の1954年に、大阪石本建築事務所を開設。

池田市城南2-1-11

1956
大阪市営古市中団地

大阪市では戦後、都市部の人口集中に対応するため、多くの公共住宅団地が建設された。軍用地跡に建設された市営古市中団地は、住戸の間取りや住棟計画だけでなく、給水塔を中心とする外構や、色彩にも新しい試みが行われた。設計者の久米権九郎がドイツ留学時に見たまち並みの影響ともいわれる。

大阪市城東区古市

久米権九郎
1895-1965

技術者出身で実業家として成功を収めた久米民之助の次男として生まれる。学習院中等科卒業後、ドイツに渡り、シュトゥットガルト州立工科大学などで建築を学ぶ。1932年に久米建築事務所（現・久米設計）を開設。1953年大阪事務所開設。

1967 豊野浄水場本館

寝屋川市の豊野浄水場は、大阪市の水道施設拡張事業の終盤に建設された。設計は昭和建築設計事務所（現・昭和設計）。コンクリート打ち放しの柱・梁が印象的な本館のデザインは、戦後モダニズムの隆盛を象徴している。

寝屋川市
太秦高塚町1-1

岡本行善
1927－2001

芦屋市役所建築部などを経て、1957年に昭和建築設計事務所を創設。発足時は社員5人だったが、工場や庁舎などを得意として拡大。1972年、昭和設計に社名変更。

爆発
だぁ
TARO

モダニズムの時代

1970 日本万国博覧会

大阪万博では東畑謙三が建設顧問・会場計画委員として実現をサポート。日建設計が政府館やリコー館の設計を手がけた。

浦辺鎮太郎
1909－1991

京都帝国大学建築科を卒業し、倉敷絹織に入社。1962年、倉敷レイヨン内に倉敷建築研究所を設立。倉敷レイヨン退社後の1966年浦辺建築事務所、1987年浦辺設計に社名変更。

大阪万博

1970 千里阪急ホテル

豊中市新千里東町2-1

千里中央駅そばに、1970年の大阪万博開催に合わせて開業した邸宅風のホテル。開業時からある東館は、全体がゆったりと緩やかな弧を描く。浦辺鎮太郎が第1期の設計の中心となり、その後の第2期、3期も浦辺の事務所が手掛けた。

1983 三井ガーデンホテル 大阪淀屋橋

大阪市中央区高麗橋3-1-1

総合設計制度を適用して建設した地上15階建てのホテル。設計は日本設計事務所（現・日本設計）。敷地には1920年竣工の三井合名会社大阪高麗橋事務所（設計：横河工務所）があった。三井グループは再び船場地域の活性化を意図して、高級志向のビジネスホテルを建設した。

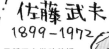

佐藤武夫 1899-1972

早稲田大学助教授時代には大隈講堂の設計で佐藤功一教授をサポート。また、当時存在しなかった音響学を研究。1945年、自宅で設計事務所を始める（没後の1988年に佐藤総合計画に改称）。全国の公共建築を設計。

都市的建築へ

1988 河内長野市庁舎

佐藤武夫設計事務所（現・佐藤総合計画）が、大阪で手掛けた大型庁舎。高層棟にヘリポート機能を持つクラウン（冠）を載せたポストモダン風のデザイン。設計を担当したのは現在、佐藤総合計画社長の細田雅春（1941年生まれ）。

河内長野市原町1-1-1

内藤徹男 1935-

日本設計元社長。1967年に山下寿郎設計事務所から、池田武邦氏（1924年生まれ）を中心として日本設計事務所（現・日本設計）が独立する際、これに参加。1984年大阪支社長、1992年副社長・関西支社長を経て、1993～2001年に社長を務めた。

「1本の道」から「未来への道」へ

本記事に登場した設計事務所は、イケフェス大阪の定番となりつつある「セッケイ・ロード」に参加する12の設計事務所である。

　記事内の順でいうと、NTTファシリティーズ（←逓信省営繕課）、日建設計（←住友本店臨時建築部）、安井建築設計事務所、東畑建築事務所、石本建築事務所、久米設計、昭和設計、浦辺設計、日本設計、佐藤総合計画、ジオ-グラフィック・デザイン・ラボ、遠藤克彦建築研究所の12社だ。

　「建築家」をテレビなどで見ることはあっても、「設計事務所」を一般の人が意識する機会は少ないだろう。「セッケイ・ロード」は、建物や都市が実際に計画さ

れる過程に触れることができる貴重な機会である。だが、残念ながら今年も「セッケイ・ロード」はオンライン開催となるそうなので、今年のイベントや来年の"リアル訪問"への予習として、各事務所の沿革を解説してみた。ここで挙げた建物は、時代がばらけるように筆者が恣意的に選んだものなので、これを入り口としてこの先はご自身で調べてみてほしい。

　最後になっての説明になるが、これを書いている筆者（宮沢洋）は何者なのか。「セッケイ・ロード」とは何なのか――。

　筆者は「セッケイ・ロード」の命名者である。今は「画文家」という肩書で活動しているが、2019年まで『日経アーキテクチュア』という建築専門雑誌の編集者だった。

New Generations

2020 もんとパーク

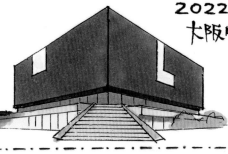

ジオ-グラフィック・デザイン・ラボの設計による高架下広場。既存の柱と新設したアーチ構造物によって、子どもが好きな"見え隠れ"する空間をつくった。

泉大津市・
南海本線泉大津駅北側高架下

前田茂樹 1974-

大阪大学建築工学科卒業、東京藝術大学大学院中退。2000〜2010年、フランスのドミニク・ペロー建築設計事務所（DPA）に勤務。DPA在籍時には大阪富国生命ビル（2010年、大阪市北区小松原町2-4）のコンペから実施設計・監理までを担当。2010年にジオ-グラフィック・デザイン・ラボ（GGDL）を設立。

2010
大阪富国
生命ビル

遠藤克彦 1970-

武蔵工業大学（現東京都市大学）卒業、東京大学大学院修了。博士課程在学中の1997年に遠藤建築研究所を設立。2007年に遠藤克彦建築研究所に組織改編。2017年「大阪中之島美術館」の設計競技で最優秀案に選定後、大阪にも事務所を開設。

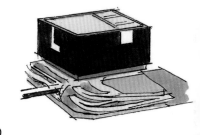

2022（2月開館）
大阪中之島美術館

大阪市北区
中之島4-3-1

印象的な黒いボリュームが話題を呼んでいる中之島の新美術館。黒いボリュームは立体的な「パッサージュ」でくり抜かれ、市民が美術と触れ合う場となる。メインエントランスは2階で、歩行者デッキにより近隣施設とも接続。

イケフェス大阪が大好きな筆者は2018年、設計事務所各社のオープンハウス（オフィス内公開）を1日で巡ってみることにした。事前にどう回ったら効率が良いかを調べていたとき、当時の参加4社（日建設計、東畑建築事務所、安井建築設計事務所、遠藤克彦建築研究所）が、北船場の高麗橋通から東西に延びる1本の道路沿いに事務所を構えていることに気づいた。そして、記事の中に「セッケイ・ロード」という言葉を使った。

この記事が反響を呼び（大阪の人たちは意外にもこの事実に気づいていなかったらしい）、2019年のイケフェス大阪では、この道沿いの設計事務所による共同企画として「セッケイ・ロード・スタンプラリー」が開催された。

そこからさらに参加事務所が増え、もはや1本の道沿いには収まらなくなった。「ロード」は、言うなれば「大阪の未来への道」である。

（宮沢 洋）

新たに発見された図面から読み解く、
綿業会館の家具という存在

文 | 髙岡伸一（近畿大学准教授）

今年で竣工から90周年の節目を迎える綿業会館。

そこで新たに家具の図面が発見されました。

現在、専門的な調査が行われているこれらの図面から、

綿業会館の空間を彩る数々の家具に注目してみましょう。

今年90周年を迎える綿業会館

近代大阪を代表する建築として知られる重要文化財の綿業会館は、1931年（昭和6）の竣工から今年で90周年を迎え、現在も日本綿業倶楽部として運営を続けている。会員制なので内部を見学できる機会は限られるが、月1回開催される倶楽部主催の見学会などに参加した人は、その内部空間の豪華さにみな息を呑む。大阪にこんな場所があったのかと。それは部屋によって建築様式を見事に使い分けた建築家、渡辺節の技量であると同時に、大大阪時代と呼ばれた当時の大阪の隆盛を伝えるものであり、さらに言えば、その発展を支えた繊維界の力を発揮したものと言える。その力のほどを具体的に実感する逸話としては、同じ1931年に市民らの寄付によって復興された大阪城天守閣の、およそ3つ分の費用が注ぎ込まれたという話がよく紹介される。

しかしそれは建築の工事費だけではなく、家具調度を含めた費用だった。建築が素晴らしいからか、意外と注目される機会のないのが綿業会館の家具の存在。今回、奈良文化財研究所（以下「奈文研」）の調査研究によって、家具に関連する図面が新たに発見された。そこで奈文研の調査によって明らかになった新事実を紹介しながら、この機会に綿業会館の家具の魅力についてみてみよう。なお奈文研の調査は途中段階で、まだ最終の報告書はまとめられていない。あくまで途中経過ということでご理解いただきたい。

左）今回新たに発見された家具図面のひとつ（部分）。1階ホールの家具配置を示したもので、家具の上には朱書きで「大林」と書き込みがある。なお、現在の配置はこれとは異なる。上）綿業会館の外観。

新たに発見された家具図面

奈文研が2018年度と2019年度にかけておこなった調査研究のなかで、日本綿業倶楽部が所蔵する、13点の家具関連図面が確認された。その多くは渡辺節の設計事務所が作成した青焼きの図面で、大きく竣工当初に書かれたものと、戦後の1952年（昭和27）のものに分けられる。戦後の図面は米軍によって接収された綿業会館が接収解除される際、再入居にあたって家具配置などが検討されたものだ。

　ここではやはり、竣工当時の図面を追っていこう。興味深いのは一つひとつの家具が描かれた正面図と側面図からなる家具デザインだ。12室60種類の家具について、手書きで細部まで書き込まれている。コンピューターで図面を書くことが当たり前となった現在の目でみると、いずれも手慣れた感じの滑らかな曲線で描かれていてとても美しい。図面には大ま

かな寸法しか示されていないことから、あくまで家具のイメージを伝える目的で作成されたものだろうということだが、建築の設計事務所が自らここまで描くのかと驚かされる。一方、これらの家具を実際の部屋にどう置くかを示した一連の配置図も見つかっていて、そこからは各家具の製作者を読み取ることができる。

　そして最も注目すべきはこれらの図面と実際の家具の対応状況で、奈文研が確認したところによると、特に主要な1階のエントランスホール、3階の談話室と貴賓室については、当初に配置されていたすべての家具が、オリジナルのままであることが明らかになった。もちろん、使用によって経年劣化する椅子の張地などは変えられているが、木部は非常に良好なコンディションのまま保存されている。

1階ホールの家具設計図。上）丸テーブルと肘掛け椅子。
下）長テーブル。実物もほぼこのイメージ通りに製作されている。

玄関を入ってすぐのところに配置されている長テーブル。

部屋の様式に合わせてデザインされた家具の数々

訪問者を最初に迎える1階のホールは2層吹抜で、イタリア産のトラバーチンを全面的に用いたルネサンス様式の空間。遺産を寄付した東洋紡績（現・東洋紡）役員の岡常夫の銅像が真正面に据えられ、人々の目はその存在感に引きつけられるが、黒光りする応接セットやテーブルも、銅像に負けない重厚感を放っている。家具のデザインは全体的に抑制が効いているが、現在は手荷物置きとして使われている長方形のテーブルや、ソファの丸テーブルの足元をよく見てみると、天板の面積に不釣り合いなほど立派な彫刻が施されている。張地は交換されているが、すべてのソファもオリジナルだ。

3階の談話室も2層の吹抜となった立派な空間で、イギリスで生まれたジャコビアン様式でまとめられている。現在は見学時に公開されるのみで使われてはいないが、部屋にはぎっしりと応接セットが並べられ、当時の社交の様子が感じられる。家具もジャコビアン様式に合わせてデザインされているが、シュガーツイストと呼ばれるねじり棒のデザインは用いられず落ち着いた印象。部屋の中央に立つ柱に配された、ハイバックの飾り椅子がシンボリックだ。ソファにはデザイン違いがあるが、籐が編み込まれた肘掛けには、使い込まれた素材の美しさを感じる。

談話室の隣には貴賓室と呼ばれる小部屋があり、こちらはクイーン・アン様式のデザインで、天井のオーバル型の細工に呼応するように、家具も全体に曲線を多用した優美な造形でまとめられている。皇族が利用することを想定して、ケガのないように丸

丸テーブルと肘掛け椅子。背景のアーチ窓の向こうには会員食堂がある。

みを持たせたと説明されることもあるが、テーブルと椅子のすべてが一般に猫足と呼ばれるカブリオールレッグをもち、足元を固める貫（ぬき）は空中に浮いたかのような軽やかな曲線で繋げられている。もちろん、すべてがオリジナルだ。

その他、1階の会員食堂やロビー、3階の会議室、地下のグリルにもオリジナルの家具が残り、現在も会員によって使われている。

家具の配置図面には後から朱書きで家具の製作者と思われる書き込みがあり、部屋ごとに複数の製作所が担当していたことがわかった。1階ホールは現在も大手建設会社として知られる大林組で、ちょうど綿業会館が竣工した1931年に木工部門を独立させるなど、当時室内装飾や家具製作において優れた技術をもっていた。

3階の貴賓室は大阪清水製作所という、ドイツで家具室内装飾を学んだ清水米吉によって1907年（明治40）に設立された製作所で、様式家具の分野においては当時屈指の会社であったという。その技術の高さは、貴賓室の家具を見れば一目瞭然だ。その他、髙島屋の家具装飾部など、図面からは5社の関わりが読み取れる。

今回、調査分析を行った奈文研は、綿業会館が当時の様式建築の到達点であったのと同時に、「様式家具の到達点の一つとして位置付けられる」と極めて高い評価をしている。家具もまた重要文化財級というわけだ。

3階談話室の家具設計図。
上）飾り椅子。下）長テーブルと長椅子

上）飾り椅子の挽物や長テーブルの脚のメロンバルブと呼ばれる球状の装飾など、よく見ると細部は図面とデザインが異なっている。
下）長椅子の籐の肘掛け。

クイーン・アン様式で仕上げられた貴賓室。

椅子とテーブルの脚の優美なカブリオールレッグが、
製作技術の高さを物語る。

家具の90周年

綿業会館は内部に入ること自体が貴重な機会なので、見学するときにはどうしても建築自体に意識が向いてしまうが、その空間の素晴らしさは建築と合わせて一つひとつデザインされた家具と一体となって生まれるものであることは言うまでもない。もし家具・調度のない空の空間だったり、別の家具に入れ替わっていたら、その印象はまったく異なるものになってしまうだろう。見学者の立場では実際に座ることはできないが、次回、綿業会館を見学する際には、90年に渡って使われてきた家具の素晴らしさにも注目してみてほしい。

<参考文献>
前川歩「昭和初期の倶楽部建築における家具の様相－綿業会館を事例に－」奈良文化財研究所紀要 2020, 国立文化財機構奈良文化財研究所, 2020年

水の上から眺める都市、大阪の「生きた建築と土木」

文｜嘉名光市（大阪市立大学教授）

大阪の都市風景について考える時、「水辺」というキーワードは切っても切り離せないものです。その風景は古くから呼び慣わされてきた「水の都」の名残であり、川や海と共に発展を遂げてきた大阪の歴史を象徴するものです。

大阪は水の上から眺めてこそ面白い。水辺の景観は、今もバージョンアップを繰り返しているのです。

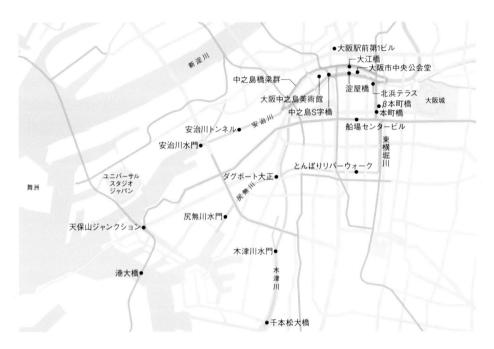

都市・大阪の発展は、先人が築いた都市を受け継ぎ、使いこなしながら、各々の時代に合わせてアップデートを繰り返し、それらが地層のように重なっていく点が特徴と言える。時空を超えて受け渡されてきた都市空間のバトンが可視化されている都市が大阪の景観だ。

　大阪城の外堀としての東横堀川やおよそ400年前に築かれた船場の40間（約80m）の格子状街区は今も現役で使われている。こうした古い街区のうえに、いわゆる間口が狭い江戸時代につくられた町家の敷地割の名残りがところどころに残る。さらにその上に、江戸末期、明治、大正、昭和、平成、そして令和の建築物や構造物が都市・大阪をかたちづくる。現代の大阪都心ではスーパーブロックに超高層建築が聳えるが、隣の街区では江戸の町割りに大正・昭和のヒューマンスケールな建築物が隣り合う姿を目にすることができる。時代や世紀を超えた存在がともに今も生きている。

中之島の水辺の新たなランドマークとなった大阪中之島美術館。2022年2月2日オープン予定。

そんな都市・大阪の個性は水の上からの景色にもよくあらわれる。近代の水都・大阪の時代、大阪市中央公会堂をはじめとする中之島近辺の建築物は水辺に向かって建つ建築として設計され、私たちは今もその姿を見ることができる。黒いキューブのシルエットが特徴的な大阪中之島美術館（2022年2月開館予定）は大阪の水辺に建つ建築として新たに仲間入りした。

　建築とともに土木もしっかりと水辺と向き合っている。大川・中之島周辺に架かる橋梁群はその多くが大正・昭和期に建設され、構造的にも意匠的にも洗練され、隣接する橋梁の構造形式などを変えて個性を競い、かつ群としての美観も構想されていた。現存するものも少なくない。旧大阪市役所と大江橋・淀屋橋の双子橋は水辺からの建築と橋梁の一体的な美観が設計の意図に組み込まれていた。東横堀川に目を転じると、大阪市で現役最古の橋梁である本町橋（1913年：三径間2ヒンジアーチ橋）や鋼アーチ部材がスレンダーでユニークな構造形式を採用した平野橋（1935年：上路3径間逆連続ランガー桁）など意匠を凝らした橋が今も残る。

大阪市内現役最古（1913年）の生きた橋である本町橋。軽快な三連鋼アーチと重厚なルネサンス風デザインの石造橋脚。

中之島をS字を描いて通り抜けていく阪神高速道路。 写真提供:阪神高速道路株式会社

57年前、1964年(昭和39)の1回目の東京オリンピックの年には阪神高速道路、1号環状線が一部開通、1967年(昭和42)には全線が開通した。1970年(昭和45)の大阪万博を見据えた突貫工事だ。すでに市街化が進展していた大阪の都心では道路用地の確保が困難であったことから、河川を埋め立てた跡地または河川上に高架道路を建設した。

　環状線から池田線へと分岐する中之島S字橋(延長192.8m:3径間連続鋼床版曲線箱桁)は特にその形状が特徴的で、ビルの間を縫うように建設された。土佐堀川北端に建つ三井住友銀行大阪本店と大同生命ビルの間を急カーブで肥後橋の上をすり抜け、中之島フェスティバルタワーウエスト横を通り堂島川へと至るルートで、川の上か

1963年(昭和38)、建設工事中の様子。
写真提供:阪神高速道路株式会社

らもそのうねるようなシルエットが目に飛び込んで来る。建設当時には、すでに建設されていた朝日新聞社のビルを貫通する珍しい構造となっていた。

　都心のビル群や河川を縫うように走る高速道路は建設当初は景観を壊すという意見も少なくなかったが、未来都市の新しい姿のようにも見えた。同時期には船場センタービルや大阪駅前第1ビルなども建設されていて、建築と土木の融合的な立体的な都市がかたちづくられていた時期と言えるだろう。

臨海部に目を転じると、現役の港湾都市である大阪の姿が見えてくる。舟運都市として発展した大阪は、橋梁が発達したが、臨海部では大型船の通行を確保するため工夫を凝らした。1944年（昭和19）に開通した安治川トンネル（安治川河底隧道）のように海底にトンネルを建設した例もある。当初は自動車も通行可能だったが、今は人と自転車専用となっている。それ以外には橋梁をかけずに渡船を運行しているところも多い。1907年（明治40）から始まった大阪市の渡船は最盛期には31箇所で、いまも8箇所が供用されている。

安治川トンネルは水都大阪ゆえの舟運を支える工夫の一つ。

　木津川には船の通行を確保しつつ橋をかけた両側二重螺旋の、千本松大橋（通称・めがね橋）が1973年（昭和48）に建設された。下流には片側三重螺旋の新木津川大橋（1994年・平成6）もある。この周囲はびっしりと工場群やドックが並んでいて、大阪のテクノスケイプを堪能できる。映画『ブラックレイン』の撮影地として知られる中山製鋼所船町工場の転炉工場は界隈のランドマークであったが、現在は解体されその面影はない。臨海部の土地利用も徐々に転換が進んでいる。

高潮対策として整備された大阪の三大水門の一つである尻無川水門。手前には渡船（甚兵衛渡船）が行き交う。

安治川水門。アーチ形状は河口のシンボルとして定着している。

　大阪都心から大阪湾に流れる川は安治川、木津川、尻無川だが、それぞれに水門が設けられている。安治川水門、木津川水門、尻無川水門の3つで、いずれも1970年（昭和45）に建設された。室戸台風（1934年・昭和9）、ジェーン台風（1950年・昭和25）、第二室戸台風（1961年・昭和36）で大きな被害を出した大阪は、高潮対策としての防潮水門建設により市街地を水害から守るようにした。2018年の台風21号の際にも高潮被害を防いだことは記憶に新しい。

　アーチ型の鋼製ゲートが上流側に倒れることで水門を閉鎖する独特の形式で、平常時の半円が川の上をまたぐ姿は、大阪の水辺のランドマークとなっている。そんな三大水門も建設から半世紀が過ぎ、巨大地震による津波対策も見据え、高潮・津波の両方に対応できる水門へと順次更新をする計画となっている。

湾岸テクノスケープ

さらに港へと目を転じよう。大阪湾には、2025年大阪・関西万博の予定地である夢洲、港湾景観の代表であるガントリークレーン群、舞洲の舞洲工場やスラッジセンター、天保山の海遊館や観覧車など、パノラマ景の中で図となる個性ある建築物や構造物が見えてくる。中でも世界最大級のトラス橋、赤い港大橋（1974年・昭和49）は大阪港の顔と言えるだろう。桁下高51m、全長980m、中央径間510mの巨大橋梁で、阪神高速道路4号湾岸線、5号湾岸線が上下に走っており、周辺には複雑な形状をした巨大ジャンクションもある。

大阪港のシンボル港大橋。
トラス橋としては世界第3位（日本1位）の中央径間（510m）を持つ。

北港ジャンクションも阿波座ジャンクションと並んで有名だが、水上からもよく見える天保山ジャンクションは周囲に遮るものがなく、その形状を海と空との対比を味わえる。今では水平線と垂直線であふれる都心市街地に、独特の複雑な形状をかたちづくるジャンクションは都市景観の魅力の一つとして認知されている。

天保山ジャンクション。
写真提供：阪神高速道路株式会社

港のジャンクション

海の上に複雑な形状が広がっている天保山ジャンクション。水の上から見てもユニーク。

実は2001年から大阪を再び水都として魅力ある都市へと再構築していこうとする「水都大阪の再生」が取り組まれている。大阪府・大阪市と経済界（大阪商工会議所・関西経済連合会・関西経済同友会）が一体となった取り組みで、とんぼりリバーウォークや八軒家浜の再生、中之島公園の再整備などがその代表例として知られている。北浜界隈の土佐堀川沿いに河川に隣接した建築物から川床を張り出してテラス席として利用する北浜テラスも大阪を代表する風物詩となっている。これらは、河川空間内でにぎわい利用を認める規制緩和（河川敷地占用許可準則に基づく都市・地域再生等利用区域：通称準則特区）によって実現されており、中之島バンクスのように河川空間内に建築物が建っているような例もある。

中之島の風景として欠かせない存在となった「北浜テラス」。　湊町リバープレイスと浮庭橋。水辺と街をつなぐ取り組み。

　　大阪都心のロの字型の水路である水の回廊（堂島川・土佐堀川・東横堀川・道頓堀川・木津川と隣接する尻無川）を中心に水辺のまちづくりが広がりを見せている。近年では、大正区の最北端にあるJR大正駅にほど近い「タグボート大正」（2020年）は、地元の人にも愛される水辺のにぎわい空間として親しまれている。東横堀川の本町橋のたもとにある「β本町橋」（2021年）は、8月末にオープンしたばかりの新拠点で、水辺に向かって建つガラス張りの木造建築がそのランドマークとなっている。令和の新しい顔が加わって、大阪のまちはますますその厚みが増していくことだろう。

水都大阪の取り組みとして河川区域内での賑わい利用を規制緩和により実現した「タグボート大正」。

水都大阪の新たな拠点「β本町橋」。2021年8月末オープン。

掌の建築 —ミニチュア・ワンダーランド—

世界各地で土産物として販売されている「建築ミニチュア」を集めています。

大学の教員になったばかりの頃、初めてイタリアのミラノに視察に出向いた際に購入した大聖堂のミニチュア（P.56左下）を最初の1個として、30年を越える趣味になりました。いまでは総数1,000個ほどのコレクションになっています。

旅先で感動した風景を切り取って、記念として持ち帰りたいと思う感性は、誰もが持ち合わせているでしょう。古代文明の遺跡、大聖堂やモスク、天守閣、社殿や伽藍、展望塔、駅舎、超高層ビルやミュージアムなどの近現代建築、橋梁などの土木構築物まで、さまざまな建物やモニュメントのミニチュアが、世界各地で土産物として販売されています。

また単なる飾りではなく、ペン立てや鉛筆削り、文鎮、ブックエンド、一輪挿し、貯金箱や小物入れ、塩胡椒入れ、温度計や時計などの機能を付加し、実用的なグッズとして制作されたものもあります。

エッフェル塔、凱旋門、ビッグベン、エンパイアステートビル、サクラダファミリア教会、マリーナベイサンズ、東京タワー、太陽の塔など、有名なランドマークを棚にならべることで、自身の好みのジオラマをわが家で楽しむことができます。

私の建築ミニチュアやジオラマへの想いは、子供の頃の原風景に由来します。母方の実家は、戦後、住宅設備の会社を京都で起業して成功しました。大工出身であった祖父は、家具の製造所や建築模型の工房などの経営も始めました。

幼かった私は、さまざまな建築模型やジオラマを製作していた作業場で、遊ぶのがなによりの楽しみでした。関門トンネルの断面模型など納品前のジオラマを、自分が巨人になったような気分で、時間を忘れて見入っていた記憶を懐かしく思い出します。

この夏にはイケフェス大阪の関連企画として、同好の士である遠藤秀平神戸大学名誉教授とともに、「掌の建築展」と題する特別展を「大阪くらしの今昔館」で実施しました。文字通り、手に乗るサイズの建築ミニチュアを国や地域ごとにわけて、1,000点以上を陳列しました。

ミニチュア展にあわせては、私と写真家・川村憲太氏とのコラボレーションで、鹿島建設のPR雑誌『KAJIMA』に連載させていただいた「ミニチュア・ワンダーランド」のパネル展を併催させていただきました。建築ミニチュアを題材とした

文│橋爪紳也（大阪府立大学研究推進機構特別教授）

異世界の風景写真を存分に楽しんでいただけたと思います。

建築ミニチュアには、時代性や地域の固有性があります。日本では、社寺建築をかたどった土鈴が魔除けとして古くから配布されていました。いっぽう米国では、銀行が社屋を新築した際に金属製の貯金箱を配布したのが、建築ミニチュアの古い例とされています。

「掌の建築展」では土産物だけではなく、私が収集している記念品の類も50個ほど出展しました。社屋や庁舎などの竣工時や創業からの周年事業などの機会に、関係者や顧客に配布されたものです。

大阪にゆかりのものでは、室戸台風で倒壊したのちに再建された四天王寺中門をかたどった文鎮（P.56左中）、福島への移転時に制作された朝日放送社屋のラジオ（P.56左上）、大阪ドーム開業時に十三信用金庫がつくったドーム型の貯金箱などを出展しました。（P.57上）

ここでは大阪の建築ミニチュアをいくつか、写真で紹介しておきましょう。

大阪では、ランドマークと認知されている大阪城復興天守閣、通天閣、太陽の塔などのミニチュアが種類も形状も多彩です。大阪市役所（P.54中央）、大阪府庁本館（P.55右）は、知人のデザイナーが試作したもので、市販品ではありません。毎日放送社屋（P.55中央）は、竣工時に売店で販売されていたものですが、キャラクター化され、デフォルメされていて、精巧さには欠けるきらいがあります。

近年、私と遠藤先生の監修で、新たな建築ミニチュアを作成しています。梅田スカイビル（P.54右）が、最初の試みです。当初、4種を作成、建物ができてから25年が経過した記念で、ブルーのものを追加し、全5種になりました。門真市で創業、日本を代表するフィギュアのメーカーである海洋堂に制作をお願いしました。

近年、ワシントンDCにある国立建築博物館に、土産物の建築ミニチュア・コレクションが寄贈されて話題になりました。私も、各国の建築ミニチュアの歴史と楽しみ方に関する比較研究を継続するとともに、大阪を代表する近現代建築のミニチュア化を順にすすめていきたいと考えています。

建築ミニチュアを屋外に持ち出して、掌に乗せて、実際の建物を背景に写真を撮るのも面白いでしょう。ミニチュアを契機に、大阪の「生きた建築」に触れていただけると幸いです。

建築ミニチュア（橋爪紳也コレクションより）

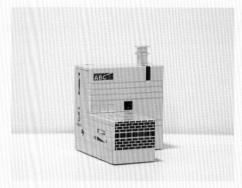

朝日放送社屋をかたどったAMラジオ。福島への移転を契機に制作されたものか。

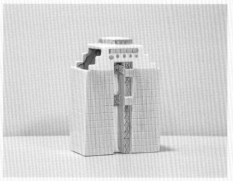

陶製の梅田スカイビル。ペン立てか、一輪挿し（ツインタワーなので二輪挿しか）などとして使用できる。

四天王寺中門の文鎮。1934年（昭和9）、室戸台風によって倒壊した建屋を復興した際に制作された記念品。

あべのハルカス。土産物から建物部分だけを切断。60階建ての超高層ビルを20階ほどに省略。可愛い。

ミラノ大聖堂（ドゥオモ）。コレクション第1号。旅先で「1都市1建築ミニチュア」を収集する契機となった。

右ページ上「掌の建築展」の会場風景。大陸ごと、国ごとに、1,000点を超える建築ミニチュアを配置。壁面で建築ミニチュアの写真展を展開した。手前に、記念品の類を数十個ほど並べたコーナーが見えている。社屋の新築竣工や会社の周年を祝って、オルゴール、ラジオ、小物入れ、貯金箱などを兼ねた建築ミニチュアが関係者や顧客に配布された。私は、明治時代から昭和戦前期、昭和40年代にかけて制作された記念品をネットオークションなどで購入、収集している。
右ページ下 日本の建築ミニチュアのコーナー。世界196カ国、すべての国の建築ミニチュア収集を目標とするが、道のりは遠い。

「掌の建築展」展示風景

特集執筆者プロフィール

澤田充 (さわだ・みつる)

兵庫県生まれ。街づくりやエリアブランディングを行う株式会社ケイオス代表。単なるハードづくりではなく、生活者の視点を大切に過去から未来へと繋がる街づくりを実践している。主な実績に淀屋橋WEST、北船場茶屋、北船場くらぶ、淀屋橋odona、本町ガーデンシティ、北浜プラザ、グランサンクタス淀屋橋、グランフロント大阪、なんばこめじるし、なんばグランド花月、新丸ビル、KITTEなど。大阪市生きた建築ミュージアム推進有識者会議メンバー。

菅谷富夫 (すがや・とみお)

1958年千葉県生まれ。1992年より大阪市立近代美術館建設準備室学芸員、2017年より大阪中之島美術館準備室室長を務め、2020年に大阪中之島美術館館長に就任。専門は近代デザイン、写真、現代美術で、展覧会や評論活動を行うと共に美術館の整備に向けて尽力してきた。

髙岡伸一 (たかおか・しんいち)

1970年大阪生まれ。建築家、近畿大学建築学部准教授。博士(工学)。大阪を主なフィールドに、建築ストックの改修設計や、近現代建築を活用したイベントなど、様々な手法を用いて大阪の都市再生に取り組む。生きた建築ミュージアム大阪実行委員会事務局長。主な作品に大正時代の銀行をリノベーションした『井池繊維会館』(2016)など、主な著書に『新・大阪モダン建築』(共著、2019)など。

橋爪紳也 (はしづめ・しんや)

1960年大阪市生まれ。大阪府立大学研究推進機構特別教授、大阪府立大学観光産業戦略研究所長。「生きた建築」概念を提唱、生きた建築ミュージアム大阪実行委員会委員長を務める。建築史・都市文化論専攻。『昭和レトロ間取り探訪─大大阪時代の洋風住宅デザイン─』『大阪万博の戦後史：EXPO'70から2025年万博へ』ほか著書は90冊以上。

倉方俊輔 (くらかた・しゅんすけ)

1971年東京都生まれ。大阪市立大学大学院工学研究科教授。建築史の研究や執筆の他、生きた建築ミュージアム大阪実行委員会委員を務めるなど、建築の魅力的な価値を社会に発信する活動を展開している。主な著書に『京都 近現代建築ものがたり』『はじめての建築01 大阪市中央公会堂』『東京モダン建築さんぽ』『吉阪隆正とル・コルビュジエ』『別冊太陽 日本の住宅100年』(共著)などがある。

宮沢 洋 (みやざわ・ひろし)

画文家、編集者、BUNGA NET編集長。1967年生まれ。1990年早稲田大学政治経済学部政治学科卒業、日経BP社入社。日経アーキテクチュア編集部に配属。2016年〜19年まで同誌編集長。2020年4月から磯達雄とOffice Bungaを共同主宰。著書に『隈研吾建築図鑑』、磯達雄との共著による『建築巡礼』シリーズなど。建築ネットマガジン「BUNGA NET」https://bunganet.tokyo/を運営中。

嘉名光市 (かな・こういち)

1968年大阪生まれ。都市計画家。大阪市立大学大学院教授。博士(工学)・技術士(都市及び地方計画)・一級建築士。京阪神を中心に都市計画・都市デザイン、エリアマネジメントの研究と実践に取り組んでいる。御堂筋空間再編、中之島通歩行者空間化、水都大阪の再生など。大阪市都市景観委員会委員長、生きた建築ミュージアム大阪実行委員会副委員長ほか。編著に『生きた景観マネジメント』『都市を変える水辺アクション 実践ガイド』など。

芝野健太 (しばの・けんた)

グラフィックデザイナー・印刷設計者。1988年大阪生まれ、2010年立命館大学理工学部建築都市デザイン学科卒業。現在、株式会社ライブアートブックス所属。美術や建築にまつわる広報物や記録集、写真集・アートブックなど、印刷物のデザインから印刷設計・工程管理までを一貫して手がける。2018年より生きた建築ミュージアムフェスティバル大阪の広報物やガイドブックのデザインを担当。

毎年恒例の生きた建築ミュージアムフェスティバル大阪のメインビジュアル。今年は京都在住のアーティスト・佐貫絢郁さんに、オリジナルのドローイングを描き下ろしていただきました。

イケフェス大阪は今年もオンラインプログラムが主体となりますが、オンラインや本書の中でも新たに建築と出会ったり、改めてその魅力に気づいたり、人と繋がることはできると思いますし、街中でのイベントとはまた違う楽しさがあるだろうと思います。

そういったイケフェス大阪を構成する様々な要素を抽象的なモチーフで表現することで、参加者一人一人がそこにご自身の姿や身近なものを投影してイメージを膨らませたり、イケフェス大阪の楽しさや大阪の街の賑やかさを伝えられたらと思い制作しました。

（イケフェス大阪デザイナー・芝野健太）

佐貫さんが描かれた原画。本書表紙では今年のテーマカラーに合わせて使用しているが、原画は黒で描かれており、黒い線の中にも濃淡があり力強い。

佐貫絢郁（さぬき・あやか）

1993年静岡生まれ。京都造形芸術大学大学院修士課程表現専攻ペインティング領域日本画修了。関西を拠点に作家として活動する傍ら、書籍の装画をはじめ多くのアートワークを手がける。風景や肖像からそれら固有の要素を間引き、特定のパースペクティブを逸したイメージをつくり出す。平面を中心に、ときに立体作品も制作。

過去3年のメインビジュアル（イラスト：黒木雅巳）

2018

2019

2020

「生きた建築」に触れる、
2021年夏の記録

写真｜芝野健太（グラフィックデザイナー）

建築物が時代によって求められる役割を変えながら、今も日常的に使用されている姿。それを修復や改修によって次世代へと引き継ごうとすると同時に、新しいものも受け入れようとする人々。そうした大阪の風土こそが、さまざまな時代背景を持つ建築物をコンパクトなエリアの中で総覧できるこの街の姿をつくったと言えるでしょう。

　そんな大阪の街を、インスタントカメラ片手に巡りました。外から建築物を観察して撮影する行為は、現在の記録であると同時に、今の時世でも個人個人が行うことができる「密やかな建築の楽しみ方」のように感じられます。

イケフェス大阪2021
全参加建物リスト

① アートアンドクラフト大阪ショウルーム ＆オフィス（大阪装飾ビル）

1994年に設立された時には、今のように「リノベーション」が日常的な言葉になったり、建築と不動産がつながったり、個性的な宿泊施設

◉ Photo. Ai Hirano

が運営されたりするとは想像できなかった。時代を切り開いた遊び心が、事務所の雰囲気からも伝わる。

所在地 西区京町堀1-13-24-1F　建設年 1972年／2009年（リノベーション）／2020年（リノベーション2期）　設計 株式会社アートアンドクラフト

② 青山ビル　国登録有形文化財

高級輸入食品を扱う野田屋などを展開した野田源次郎邸として建てられた。スパニッシュスタイルの外観を覆い尽くす

蔦は甲子園から株分けされたもの。戦後間もなくに青山家が取得してテナントビルに。

所在地 中央区伏見町2-2-6　建設年 1921年
設計 大林組（増築部：伊東恒治）

③ 新井ビル　国登録有形文化財

神戸を拠点に活躍した河合浩蔵設計の銀行建築。古典主義様式から脱却しようと、幾何学的でモダンな要素が盛り込まれている。元営業室の吹抜空間は人気スイーツ店・五感の本店として有名。

所在地 中央区今橋2-1-1　建設年 1922年
設計 河合建築事務所（河合浩蔵）

④ 池辺陽 最小限住宅No32

建築家・池辺陽が戦後日本の住宅問題への解答として示した「立体最小限住宅」が、大阪に現存

していた。また、坂倉準三建築研究所の大阪所長を務めていた建築家・西澤文隆が、現場監理を担当したというのも驚きである。

所在地 非公表　建設年 1955年／2017年（一部リフォーム）
設計 池辺陽（監理：西澤文隆）

⑤ 生駒ビルヂング　国登録有形文化財
［生駒時計店／サービスオフィス北浜T4B］

当時の最先端の意匠・アール・デコをまとった生駒時計店の店舗兼事務所ビル。屋上の時計は幾何学的でモダン、時計塔の下の縦に長い出窓と2階の丸窓は時計の振り子のよう。そして内部の階段の豪奢さと言ったら。

所在地 中央区平野町2-2-12　建設年 1930年
設計 宗建築事務所

⑥ 石本建築事務所
（サンマリオンNBFタワー）

全国で多くの実績を重ねる石本建築事務所にとって、大阪は特別な場所。創設者・石本喜久治は大阪で育ち、1927年に関西建築界の重鎮である片岡安と連名で事務所を創設。1931年に現在の名称に改称したのだ。

所在地 中央区南本町2-6-12　建設年 1996年
設計 株式会社石本建築事務所

⑦ 立売堀ビルディング

大正末に拡幅された四つ橋筋沿道の事務所需要を見込んで、テナントビルとして建てられた。当初は敷地南側にも木造3階建の洋館があったが大阪大空襲で焼失。高い天井の小部屋が若い世代を中心にオフィスとして人気。

所在地 西区立売堀1-5-2　建設年 1927年／1961年
設計 鴻池組（1927年）／不動建設（1961年）

⑧ 今橋ビルヂング　国登録有形文化財
[旧大阪市中央消防署今橋出張所]

かつて1階に消防車が止まっていた小さな消防署が再生され、イタリアンレストランに。2階と3階を貫くチューダー調のアーチが特徴。店名のダル・ポンピエーレはイタリア語で「消防士」の意味。

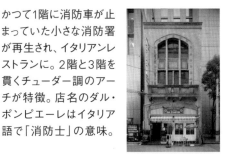

所在地 中央区今橋4-5-19　建設年 1925年
設計 不詳

⑨ 上町荘 [design SU 一級建築士事務所＋YAP一級建築士事務所]

建築やウェブなど、多彩なクリエイターのシェアオフィス。もともと交差点

に建つ低いビルであるため、隅切りの割合が大きく、広いガラス窓が街に開けている。建物の特性を読み取った活用で、さまざまな仕事と実験の交差点を実現。

所在地 中央区上本町西4-1-68　建設年 2014年（リノベーション）
設計 白須寛規＋山口陽登

⑩ 梲家 (うだつや)

岸里玉出駅至近の住宅街にひっそりと佇む隠れ家的な宿泊施設は、1913年に建てられた規模の大きな

町家建築。座敷などの造作はそのままに、屋根裏のようなつし2階は宿泊室へとうまく活用されている。

所在地 西成区玉出東1-5-17
建設年 1913年／2018年（リノベーション）　設計 不明

⑪ 梅田吸気塔

1963年に梅田地下街（現ホワイティうめだ）と共に完成した。工業的なステレンスパネルを手作

り的に組み合わせ、植物を思わせる塔が林立。抽象彫刻のようで、今も連想を喚起させる都市的なデザインの傑作。

所在地 北区曽根崎2-16　建設年 1963年
設計 村野・森建築事務所（村野藤吾）

⑫ 梅田スカイビル（新梅田シティ）

シルエットですぐにそれと分かる。そんな建築が日本にどれだけあるだろう？建築家の原広司に設計を託

して、近くで見ても多様な造形。2棟をつなぐ部分は地上で建設され、1日で持ち上げられた。建設技術もすごい。

所在地 北区大淀中1-1-88　建設年 1993年
設計 原広司＋アトリエ・ファイ建築研究所

(13) 浦辺設計（北浜松岡ビル）

コンバージョンの先駆けである倉敷アイビースクエアで知られる、倉敷出身の建築家・浦辺鎮太郎が開設した設計事務所。大阪では千里中央の千里阪急ホテル（1970年〜）がよく知られ、現在は北浜の川沿いにオフィスを設ける。

所在地 中央区北浜2-1-26　建設年 1973年　設計 大林組

(14) ABC本社ビル

再生木材を使用した千鳥格子のルーバーは、設計チームに加わった隈研吾らしいデザイン。堂島川沿いの広場「リバーデッキ」に面して、公開番組の収録を行う多目的ホールが設けられ、広場と市民と放送局との接続が試みられている。

所在地 福島区福島1-1-30　建設年 2008年
設計 隈研吾（隈研吾建築都市設計事務所）・NTTファシリティーズ

(15) EXPO'70パビリオン

会期中に多くの人を集めた鉄鋼館が保存され、1970年の大阪万博の盛り上がりを伝えるパビリオンに。H型鋼の柱梁、打放しコンクリートの組み合わせが迫力。建築家・前川國男による関西では貴重な現存作でもある。

所在地 吹田市千里万博公園（万博記念公園内）　建設年 1970年
設計 前川國男

(16) 江戸堀コダマビル ［旧児玉竹次郎邸］　国登録有形文化財

綿布商を営む児玉竹次郎の本宅として建てられた。設計施工を担当した岡本工務店はヴォーリズと関係が深く、スパニッシュに和風を折衷したデザインとなっている。かつては背面に江戸堀が流れていた。

所在地 西区江戸堀1-10-26　建設年 1935年
設計 岡本工務店　山中茂一

(17) NTTファシリティーズ関西事業本部（アーバンエース肥後橋ビル）

「ファシリティーズ」とは設備・施設などのこと。戦前に存在した逓信省の中には、技術もデザインも最先端を走る施設設計の専門家集団がいた。その系譜を継いで、現代の技術力とデザイン力を多方面に発揮している、日本屈指の設計事務所。

所在地 西区土佐堀1-4-14　建設年 1997年（建物新築年）／2019年（リノベーション）　設計 NTTファシリティーズ 肥後橋オフィスWG（オフィスリノベーション）

(18) 遠藤克彦建築研究所 大阪オフィス（江戸堀辰巳ビル）

大阪中之島美術館の設計者に選ばれた遠藤克彦は、早速に建設地の近くに拠点を構えた。倉庫をリノベーションし、若手スタッフが集まった伸びやかな空間は、美術館開館後も継続して仕事を行う大阪オフィスとなる。

所在地 西区江戸堀1-22-19　建設年 2017年（リノベーション）
設計 遠藤克彦建築研究所（改修設計）

建物紹介

⑲ OMM
[旧大阪マーチャンダイズ・マートビル]

開館当時は西日本で最も高いビルとして、22階の回転展望レストラン「ジャンボ」が人気を博した。

所在地 中央区大手前1-7-31　建設年 1969年
設計 竹中工務店

⑳ オーガニックビル

壁に132の植木鉢が付いて、まさに「オーガニック(有機的)」で奇抜なビル。これが老舗の本社屋と聞くと意外な気がするけれど、1848年の創業以来、健康に良い自然な昆布を扱ってきた店と知ると、少し納得かも。

所在地 中央区南船場4-7-21　建設年 1993年
設計 ガエタノ・ペッシェ・UDコンサルタンツ

㉑ 大阪市立大学　国登録有形文化財

登録有形文化財となっている1号館をはじめ、旧図書館、2号館、体育館など、先進的なモダニズムの影響を受けた戦前期の学舎が今も現役。御堂筋の拡幅、御堂筋線の開通と並び、大大阪時代の構想力の大きさが分かる。

所在地 住吉区杉本3-3-138　建設年 1933〜1935年
設計 大阪市土木部建設課(伊藤正文)

㉒ 大阪ガスビル　国登録有形文化財

設計は大阪倶楽部と同じ安井武雄による。時代の最先端を行く幾何学的な外観が都市改造の一環として拡幅された御堂筋に適合している。戦後に増築された建物の北側半分にも、そのデザインが生き生きと引き継がれている点も見どころ。

所在地 中央区平野町4-1-2　建設年 1933年(南館)／
1966年(北館)　設計 安井武雄(南館)／安井建築設計事務所(佐野正一)(北館)

㉓ 大阪倶楽部　国登録有形文化財
市指定有形文化財

大阪倶楽部は幅広い業種、業界の社交倶楽部として設立。中之島図書館と同じ設計者による初代の会館が焼失した後に建てられた現在の会館は、大阪ガスビルなどを後に手がける安井武雄の出世作と、建築家も一流だ。

所在地 中央区今橋4-4-11　建設年 1924年
設計 安井武雄

㉔ 大阪国際平和センター
[ピースおおさか]

「大阪空襲を語り継ぐ平和ミュージアム」でデザインされているのは、変化に富んだ空間。展示の合間にふと外にあるビルや公園の緑が見えた時、そんなありふれた楽しみも「平和」に支えられていることに気づかされる。

所在地 中央区大阪城2-1　建設年 1991年
設計 株式会社シーラカンス・大阪市都市整備局営繕部

㉕ 大阪市中央公会堂　国指定重要文化財

岩本栄之助の寄付で建てられ、気鋭の建築家・岡田信一郎の原案をもとに片岡安・辰野金吾が遠目にも華やかなデザインに仕立てた。市民らの力で守られ重要文化財となり、2018年に開館100周年を迎えた。

所在地 北区中之島1-1-27　建設年 1918年
設計 岡田信一郎（原案設計）／辰野片岡建築事務所（実施設計）

㉖ 大阪証券取引所ビル

現代的なビルに建て替わっても、金融街の顔として親しまれた外観は残された。吹き抜けのエントランスホールも当初からの空間。楕円形なのは直交していない堺筋と土佐堀通の関係を調整するため。設計者の技量が光る。

所在地 中央区北浜1-8-16　建設年 1935年（1期）／2004年（2期）　設計 長谷部竹腰建築事務所（1期）／三菱地所設計・日建設計設計監理JV（2期）

㉗ 大阪商工信用金庫 新本店ビル

2017年竣工の新本店ビルは安藤忠雄の設計。かつてあった本町ビル屋上を飾っていた、建築家・今井兼次による巨大なレリーフを、最新の3D技術を用いて復元。誰でも近づける低層部に移して場所の歴史を継承した。

所在地 中央区本町2-2-8　建設年 2017年
設計 安藤忠雄

㉘ 大阪市立住まいのミュージアム ［大阪くらしの今昔館］

大阪という都市の江戸時代後期から昭和まで、「住まいと暮らしの歴史と文化」をテーマにした日本初の専門ミュージアム。近代大阪の暮らしぶりをリアルに伝える精密なジオラマや、映像で再現する展示は必見。

所在地 北区天神橋6-4-20　建設年 2001年（2022年秋ごろまで天井改修工事により一部閉鎖）　設計 日建設計・大阪くらしの今昔館

㉙ 大阪市立中央体育館 ［丸善インテックアリーナ大阪］

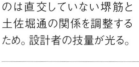

公園と一体化して目立たないからか注目されることは少ないが、1万人収容の大空間を地下に埋め、柱のないコンクリートのシェル構造の上に厚み1mの土を被せて緑化したという、実は極めて大胆な設計の体育館。

所在地 港区田中3-1-40　建設年 1996年
設計 大阪市都市整備局・日建設計

㉚ 大阪市立美術館　国登録有形文化財

美術品はもちろん、建築にも注目したい。中央の屋根は日本の倉のよう。伝統文様の青海波を応用した鬼瓦も独特で、内部のホールにはイスラム風のアーチが用いられる。世界各地の要素を独創的に組み合わせたデザインなのだ。

所在地 天王寺区茶臼山町1-82（天王寺公園内）
建設年 1936年／1992年（地下展覧会室新設）／1998年（南館改修）　設計 大阪市建築部営繕課

(31) 大阪大学会館　国登録有形文化財

待兼山を登り切った学生を出迎える大阪大学会館は、1928年に旧制浪速高等学校として建てられた校舎が

大学へと移管されたもの。尖頭形の窓や塔屋のネオゴシック風のデザインが、「大阪における学術の伝統を受け継ぐシンボル」を表現している。

所在地 豊中市待兼山町1-13　建設年 1928年／2011年（改修）
設計 大阪府営繕課（設計）／大林組（施工）

(32) 大阪大学 待兼山修学館　国登録有形文化財

大阪帝国大学医学部附属病院石橋分院本館として建てられ、活用された建築が、大阪大学総合学術博物館待兼山修学館として再生。南北に両翼を延ばした対称形の外観で、全体に庇をまわして水平線を強調したデザインとなっている。

所在地 豊中市待兼山町1-20　建設年 1931年／2007年（改修）
設計 大阪府内務部営繕課

(33) 大阪中之島美術館

2017年のコンペで中之島の新たな象徴となるデザインが選定され、2022年2月2日開館予定。開館記

念展として「Hello! Super Collection 超コレクション展 －99のものがたり－」を開催。

所在地 北区中之島4-3-1　建設年 2021年
設計 株式会社遠藤克彦建築研究所

(34) 大阪農林会館　国登録有形文化財

ファッション関係など、感度の高いショップが集まる近代建築として有名。三菱商事のオフィスとして建てられ、今も各階に大きな金庫の扉が残る。この時代としては窓の大きいのが特徴で、室内が自然光で明るく映える。

所在地 中央区南船場3-2-6　建設年 1930年
設計 三菱合資地所部　営繕課

(35) 大阪府庁 本館　国登録有形文化財

竣工後94年を迎える現役最古の都道府県庁舎。2016年に免震工事完了しており、中央吹抜・大階段や正庁の間が見どころ。

所在地 中央区大手前2　建設年 1926年／2016年（東館 耐震改修）／
2018年（西館 撤去）　設計 平林金吾・岡本馨

(36) 大阪府立国際会議場

機械で分割できるメインホール、ドーム型の特別会議場、真っ赤な屋上のアンテナから江戸時代のデザインにヒントを得た机や椅子まで、設計者・黒川紀章の面白さが詰まった「グランキューブ」（大きな立方体）だ。

所在地 北区中之島5-3-51　建設年 2000年
設計 黒川紀章建築都市設計事務所

(37) 大阪府立狭山池博物館

見たことのない光景を作り出す安藤忠雄の構想力の大きさがわかる一作。狭山池の風景の一部となった巨大な箱に

は、移築展示された幅約62mの堤が収まり、長大な水庭空間も圧巻。建物の内外に共通して、土木スケールの空間と時間が流れている。

所在地 大阪狭山市池尻中2丁目　建設年 1999年（建築物完成）／
2001年（博物館開館）　設計 安藤忠雄建築研究所

(38) 大阪府立 中之島図書館

国指定重要文化財

住友家の寄付による図書館は、1世紀を超えて今も現役。住友に属した野口孫市による設計は、当時の日

本の古典主義様式の習熟度の高さを示している。2016年からはカフェも開設された。

所在地 北区中之島1-2-10　建設年 本館（1904年）／左右翼棟（1922年）
設計 住友本店臨時建築部（野口孫市、日高胖）

(39) 大阪弁護士会館

「市民に開かれた弁護士会」というのが、この新会館の建設にあたって大阪弁護士会が決めたコンセプト

の筆頭だった。吹き抜けのエントランスロビーは50mを超える長さ。美しい開放感で、開かれた姿勢を象徴する。

所在地 北区西天満1-12-5　建設年 2006年
設計 日建設計

(40) オリックス本町ビル

超高層ビルの多くない西本町界隈にあって、ひときわ目立つオリックスの大阪本社ビルは、高さ133mの地上29階。28階に設けられたオープ

ンエアの展望テラスからは、大阪の夜景を360度楽しむことができる。

所在地 西区西本町1-4-1　建設年 2011年
設計 竹中工務店

(41) 株式会社モリサワ本社ビル

モリサワは1924年に創業し、大阪に本社を構える「文字」のトップメーカー。普段予約が必要な

MORISAWA SQUAREでは、同社発明の写植機など企業の歴史と共に、文字に関する貴重なコレクションを展示。

所在地 浪速区敷津東2-6-25　建設年 2009年
設計 東畑設計事務所

(42) 関西大学千里山キャンパス

巨匠・村野藤吾と関西大学との関係は深い。戦後間もない1949年から晩年の1980年にかけて、千里山キャンパスで約40

Photo. 橘寺知子

の建物を実現。その約半数が現存し、機能と立地を受け止めた多彩な表情を見せている。

所在地 吹田市山手町3-3-35　建設年 1953年
設計 村野藤吾 他

建物紹介

43 北野家住宅 国登録有形文化財

都市の近代化の過程で建てられた木造3階建の町家。1階は改変されているが、かつては青物商を営んでいた。タイル張りの外壁と袖卯建、軒下の銅板で覆った箱軒など、防火への備えが見て取れる。

所在地 中央区平野町4-2-6　建設年 1928年
設計 不詳

大阪セレクション

44 北浜長屋 国登録有形文化財

船場の川沿いに残る唯一の木造建築は、1912年に建設された和洋折衷の二軒長屋。耐震補強を含めたリノベーションによって、人気のカレー店とカフェへと再生された。川の眺めと、2階道路側の金属天井が見どころ。

所在地 中央区北浜1-1-22　建設年 1912年／2017年（リノベーション）
設計 高岡伸一建築設計事務所（リノベーション）

45 北浜レトロビルヂング ［北浜レトロ］ 国登録有形文化財

近代的なビルの谷間で、今や小さいことで目立っているのは、1912年に「北浜株友会倶楽部」として建てられた煉瓦造2階建のクラシックな洋館。1997年英国スタイルの紅茶と菓子の店舗にリノベーションされ、北浜に新たな人の流れを生み出した。

所在地 中央区北浜1-1-26
建設年 1912年／1997年（リノベーション）　設計 大林組

大阪セレクション

46 ギャラリー再会 国登録有形文化財

繊細で可憐なデザインが、ヨーロッパの田舎町のような風情を醸し出す。店内では美しい曲線を描く階段が出迎える。以前は1階が若者、2階がカップル専用の喫茶スペースで、お見合いの席として利用されていたとも。

所在地 浪速区恵美須橋1-4-16　建設年 1953年
設計 石井修

大阪セレクション

47 旧小西家住宅 国指定重要文化財

船場の町人の暮らしを今に伝える貴重な存在。戦災を免れた船場の町家としては最大規模。薬種業を始めた小西儀助が建てた。ボンドで有名なコニシが2020年から史料館として公開。

所在地 中央区道修町1-6-9　建設年 1903年
設計 不詳

48 旧羽室家住宅 ［原田しろあと館］ 国登録有形文化財

羽室氏は住友系の大企業の役員を務めていた人物。1935年頃に開発・分譲された住宅地を購入し、和風と洋風が巧みに同居した家族の住まいを建てた。大阪市内と郊外とがペアになって発展していった歴史に触れることができる。

所在地 豊中市曽根西町4-4-15　建設年 1937年／2009年（改修）
設計 則松工務店（設計監督）／笠谷工務店（施工）

49 近畿大学アカデミックシアター

従来の大学図書館の概念を大きく超えたビブリオシアターを中心に、最新の大学施設が集約された複合

建築。「自然」「アーカイブ（図書）」「ふるまい（プロジェクト）」が不連続に連続する都市的デザイン。

所在地 東大阪市小若江3-4-1　建設年 2017年
設計 株式会社NTTファシリティーズ

50 King of Kings（大阪駅前第1ビル）

有名喫茶店マヅラの姉妹店で、同じ1970年にオープンしたバー。宇宙的なインテリアはほぼ当時のままで、大阪万博の時代

の雰囲気を強く感じさせる。壁一面のガラスモザイクタイルがなんとも幻想的。

所在地 北区梅田1-3-1 大阪駅前第1ビルB1F　建設年 1970年
設計 沼田修一

51 久米設計大阪支社
（パシフィックマークス肥後橋）

戦後の団地計画に大きな足跡を残した建築家、久米権九郎が創立した組織設計事務

所。大阪における団地の先駆けとして知られる大阪市営古市中団地には、ドイツに学んだ久米の知見が大いに活かされた。

所在地 西区江戸堀1-10-8 9F　建設年 1983年
設計 久米設計

52 グランサンクタス淀屋橋

近代建築の外壁を活かした分譲マンションは、全国的にも大変珍しい。最初は辰野金吾が設計し、10年

後に國枝博が繊細な文様をもつテラコッタで外観を大改修、その壁を現代の法規に合わせて曳家して保存・活用した。1階にはカフェも。

所在地 中央区今橋3-2-2　建設年 1918年／1929年／
2013年　設計 辰野片岡建築事務所／（改修）國枝博／
（建替）IAO竹田設計

53 グランフロント大阪

「まちびらき8周年」を迎え、商業リニューアルを実施するなど進化を続けるグランフロント大阪。街の玄関口「うめきた

広場」、街の顔となる「南館」、ナレッジキャピタルを擁する街の心臓部「北館」が複合し、季節感を感じるイベントなども多彩に展開している。

所在地 北区大深町4-1（うめきた広場）、4-20（南館）、3-1（北館）
建設年 2013年　設計 日建設計・三菱地所設計・NTTファシリティーズ

54 源ヶ橋温泉　国登録有形文化財

大阪には個性的な銭湯建築が多く建てられたが、源ヶ橋温泉は今なおその佇まいを残す貴重な存

在。客を迎える1対の自由の女神と、両脇に設けられた丸窓のステンドグラスが印象的。銭湯としての営業を終え、今後の活用を模索中。

所在地 生野区林寺1-5-33　建設年 1937年
設計 不詳

55 コイズミ緑橋ビル
[コイズミ照明R&Dセンター]

住宅街への圧迫感をなくすためにセットバックさせたバルコニーには豊かな植栽が施され、内部には大きな吹抜を通じて自然光を導き入れオフィス空間の一体感を生みだすなど、様々な工夫がちりばめられた最新の環境配慮型オフィスビル。

所在地 東成区東中本2-3-5　建設年 2017年　設計 竹中工務店

56 ザ・ガーデンオリエンタル・大阪
[旧大阪市長公館]

戦前の洋館のような気品と、戦後ビルのような誠実なつくりを兼ね備えた建築。正面は車寄せを中心に変化に富み、裏手のバルコニーは芝生の広がりに対応する。工業素材を巧みに用いた階段、庭の茶室など見どころ多数。

所在地 都島区網島町10-35　建設年 1959年　設計 竹腰健造

57 西光寺

400年以上の歴史を持つ寺院が現代的に建て替えられた。打放コンクリートの奥に、市街地の賑わいの中でも厳かな空気が感じられるよう、本堂まで続く約35mの参道を設計。以前の梵鐘や木造装飾などが随所に再配置されている。

所在地 阿倍野区松崎町2-3-44　建設年 2015年
設計 コンパス建築工房（西濱浩次）

58 佐藤総合計画
（大阪日精ビルディング）

建築家の佐藤武夫が戦後、早稲田大学の教授を辞め、設計事務所の運営に専念したことが、現在までの幅広い設計活動の始まり。社会を良くする公共的空間への初心が、今も人びとに長く親しまれる空間づくりを支えている。

所在地 中央区北浜東1-26　建設年 2000年　設計 大林組・前田建設工業株式会社共同企業体（建物）／佐藤総合計画（インテリア）

59 三大水門と津波・高潮ステーション

津波・高潮ステーションは高潮や津波についての知識や安治川水門など防潮施設の動きについて楽しく学べる施設。

所在地 西区江之子島2-1-64　建設年 1970年（三大水門）／
2009年（津波・高潮ステーション）　設計 大阪府西大阪治水事務所

60 自安寺

日蓮宗の寺院である自安寺は、2018年に逝去した京都大学の建築家・川崎清の設計で、RC打放しと、道頓堀川に面してボックスを積み上げたようなデザインが特徴。家具などにデザイナーの粟津潔が関わっている。

所在地 中央区道頓堀1丁目東5-13　建設年 1968年　設計 川崎清

61 ジオ-グラフィック・デザイン・ラボ
（GROW北浜ビル（北浜ビル2号館））

一見、建築設計事務所らしくない名称に「永く使われ続けるデザインとは、土地や使う人との関係性を繋いでいくものではないか」という代表・前田茂樹の思想が刻まれている。大阪に生まれ、2008年に事務所を設立。

所在地 中央区北浜東1-29　建設年 1964年
設計 ジオ-グラフィック・デザイン・ラボ（改修設計）

62 芝川ビル
国登録有形文化財

建物内部には意匠を凝らした装飾があちらこちらにちりばめられ、4階のテラスは都会の喧騒からぽっかり抜け出したような異空間で、時間が経つのを忘れてしまう。

所在地 中央区伏見町3-3-3　建設年 1927年
設計 渋谷五郎（基本構造）・本間乙彦（意匠）

63 純喫茶アメリカン

千日前の地に1946年に創業、1963年に現在の建物となった純喫茶アメリカンは、食材から食器、そしてインテリアに至るまで、ホンモノにこだわり抜いた珠玉の空間。大阪の街の文化の豊かさを示す建築の一つ。

所在地 中央区道頓堀1-7-4　建設年 1963年
設計 富士工務店

64 昭和設計 大阪ビル

昭和設計が設計した建築を、すでにあなたも目にしているはず。そう言えるくらい、数多くの学校、病院、オフィス、集合住宅、レジャー施設から再開発に至るまで、大阪を基盤に実現させてきた。その歩みは社会の歩みでもある。

所在地 北区豊崎4-12-10　建設年 1996年／2010年（リノベーション）
設計 泉沢建築設計事務所（新築）／株式会社昭和設計（リノベーション）

65 食道園宗右衛門町本店ビル

老舗の焼肉店が千日前通の拡幅による移転で建てたレストランビル。設計した生山高資はスナックやダンスホールなど商業施設を多く手がけた建築家で、1階は壁や天井など凝りに凝ったオリジナルのデザインが多く残る。

所在地 中央区宗右衛門町5-13　建設年 1968年
設計 生美術建築デザイン研究所（生山高資）

66 新桜川ビル

Photo. Yoshiro Masuda

低層部に店舗や事務所を配した「併存住宅」。バウムクーヘンのような形が阪神高速のカーブと呼応して、ダイナミックな都市景観を創出。2015年、アートアンドクラフトが現代的にリノベーション。

所在地 浪速区桜川3-2-1　建設年 1959年／2015年（リノベーション）
設計 大阪府住宅協会（現・大阪府住宅供給公社）

67 住友ビルディング
[旧新住友ビルディング]

建物高さに制限
があった高度経
済成長期、面積
確保のために横
に広がって建てら
れた「マンモスビ

ル」は、現在も賃貸オフィスビルとしてはフロア
面積大阪最大。龍山石を用いた旧住友ビルに
並ぶ白銀色の対比にも注目。

所在地 中央区北浜4-5-33　建設年 1962年
設計 日建設計工務(現在：日建設計)

68 スリープカプセル (カプセルイン大阪)

都会的な宿泊施
設として今、注目
されているカプセ
ルホテル。その第
1号がここ。考案
者が黒川紀章に

設計させた最初のスリープカプセルが健在だ。曲
面の構成や手元で操作できる機械類など、未来
のイメージが新鮮。

所在地 北区堂山町9-5　建設年 1979年
設計 黒川紀章建築都市設計事務所

69 船場センタービル

70年大阪万博ま
でに都心の高速
道路網を完成さ
せるため、ビルの
上に道路を載せ
るという大胆な

アイデアが採用された全長約1kmの巨大都市
構築物。かつては茶色のタイル張りだったが、
2015年に現在のパネルに改修された。

所在地 中央区船場中央1〜4　建設年 1970年
設計 日建設計・大建設計

70 船場ビルディング　国登録有形文化財

外からは想像がつ
かないのが、玄関
を抜けた先にある
中庭。空の下、4
階までの外廊下
が全部見える。大

正時代の船場で荷馬車などを引き込むのに便利
なようにと考えたつくり。それが今も、このビル独
特の親密感を生んでいる。

所在地 中央区淡路町2-5-8　建設年 1925年
設計 村上徹一

71 泉布観　国指定重要文化財

現存する大阪
で最も古い洋
風建築であり、
重要文化財に
指定されてい
る。「泉布」とは
貨幣の意味。

1871年に操業を開始した造幣局の応接所とし
て建てられ、完成の翌年にここを訪れた明治天
皇が命名した。

所在地 北区天満橋1-1-1　建設年 1871年　設計 T・J・ウォートルス

72 大同生命大阪本社ビル

大同生命の前身である
加島屋の広岡家と親戚
であったヴォーリズによっ
て、1925年に建てられた
ネオゴシック様式の近代
建築を踏襲して建て替え
られた。一部オリジナルの
テラコッタが再利用されて
いる。

所在地 西区江戸堀1-2-1　建設年 1993年
設計 日建設計・一粒社ヴォーリズ建築事務所

ダイビル本館

(73) ダイビル本館

通りに面して彫りの深い装飾を配し、彫刻家・大国貞蔵の「鷲と少女の像」が玄関上部に乗る。壮麗な玄関ホールや外壁も含め、大正時代のビルの内外装を新ビルに丁寧に継承。物語性のある雰囲気を界隈に提供している。

所在地 北区中之島3-6-32 建設年 2013年（旧ダイビル本館 1925年） 設計 日建設計（旧ダイビル本館 渡邊節設計事務所）

(74) 大丸心斎橋店本館

ウィリアム・メレル・ヴォーリズが手がけた旧本館の水晶塔や外壁を保存し、アール・デコ様式のインテリアを巧みに再現。大正末から昭和初めの商業空間の華やかさと、現代の保存・再現技術の最先端に出会うことができる。

所在地 中央区心斎橋筋1-7-1 建設年 1933年／2019年（建替え） 設計 ウィリアム・メレル・ヴォーリズ（1933年）／日建設計、竹中工務店（2019年）

(75) 髙島屋東別館　　国指定重要文化財

大大阪時代のメインストリート、堺筋に残る最後の百貨店建築は、その歴史的価値を保存したまま、史料館やサービスレジデンス（滞在型ホテル）、フードホール等のある施設へとリノベーションされた。11連のアーチと、華やかなアールデコのデザインが圧巻。

所在地 浪速区日本橋3-5-25 建設年 1928〜1940年 設計 鈴木禎次

(76) 武田道修町ビル［旧武田長兵衞商店本店社屋・旧武田薬品本社ビル］

大阪の建築は増築に愛がある。壁が少し奥まった所が戦後の建て増し。窓や壁のつくりに気を配り、国の重要文化財・京都府庁旧本館の設計者として知られる松室重光のオリジナルのデザインを引き立てている。

所在地 中央区道修町2-3-6 建設年 1928年 設計 片岡建築事務所（松室重光）

(77) 田辺三菱製薬株式会社本社ビル

「くすりのまち」道修町と三休橋筋の交差点に建つ新しい高層ビルは、低層部をガラス張りにして公開空地と一体的な空間を生みだし、地域コミュニティの拠点となっている。2階に設けられた田辺三菱製薬史料館も充実。

所在地 中央区道修町3-2-10 建設年 2015年 設計 大林組

(78) 千鳥文化

北加賀屋を拠点とする建築家グループ「dot architects」の手によって、築60年の文化住宅が地域の交流拠に生まれ変わった。受け継がれてきた地域性、素材性を大切にしながらの改修設計が楽しく、アート的でもある。

所在地 住之江区加賀屋5-2-28 建設年 1958年／2017年（第一期リノベーション）／2020年（第二期リノベーション） 設計 ドットアーキテクツ（リノベーション設計：第一期・第二期とも）

(79) 中央工学校OSAKA一号館

数少ない大阪の丹下健三設計の校舎は、巨匠75歳頃の作品。千里丘陵の豊かな緑を背景に、連続するヴォールト屋根が映える。狭い敷地の校舎にたくみに吹抜空間を挿入することで、学びの場としての一体感が生まれている。

所在地 豊中市寺内1-1-43　建設年 1988年　設計 丹下健三

(80) 中央電気倶楽部

関西の電気関係者が中心となって設立された社交倶楽部の3代目の会館であり、西天満の大江ビルヂングと同じ建築家の設計。それに通じる幾何学的なデザインも見られる。喫茶室、ビリヤード室、大ホールなどがある。

所在地 北区堂島浜2-1-25　建設年 1930年
設計 葛野建築事務所（葛野壯一郎）　施工 大林組

(81) 陳列館ホール［花博記念ホール］

花博で松下幸之助が私財を投じて建設し、後に大阪市に寄贈されたホール。設計した建築家・磯崎新と構造家・川口衛のコンビは同年、バルセロナ五輪の屋内競技場をスペインに完成させた。国際的な大阪の建築。

所在地 鶴見区緑地公園2-135　建設年 1990年　設計 磯崎新

(82) 鶴身印刷所

戦前に小学校の講堂として建設されたとされる線路沿いの細長い木造建築は、1946年に印刷工場となり、そして2018年、トラスの大きな屋根の下に多様な人々が集う、新たなスペースへとリノベーションされた。

所在地 城東区新喜多1-4-18　建設年 1939年／2018年 (リノベーション)
設計 不詳／株式会社アートアンドクラフト (リノベーション)

(83) 天満屋ビル

かつて港運回漕業を営んでいた、大大阪時代の築港の繁栄を伝える近代建築。垂直・水平のラインを強調し、大きな開口を設けたモダンなデザインが特徴。戦後に周囲の道路が嵩上げされたため、3階建が埋まって2階になっている。

所在地 港区海岸通1-5-28　建設年 1935年　設計 村上工務店

(84) 堂島ビルヂング

御堂筋の拡幅工事よりも前に、絶対高さ制限の31mで建てられた。かつてはホテルや百貨店、倶楽部などが入居する複合ビルで、東京の丸の内ビルと比肩される存在だった。2度の改修で外観に面影はないが、躯体は当時のまま。

所在地 北区西天満2-6-8　建設年 1923年
設計 竹中工務店（藤井彌太郎）

建物紹介

85 東畑建築事務所 本部・本社オフィス大阪（新高麗橋ビル）

1932年創業の大阪を代表する建築設計事務所の一つ。発展の理由は、創業者・東畑謙三が実務的な設計に優れていたため。それが深い教養に根ざしていたことをうかがわせる国内最大・最良の建築書のコレクションを所有。

所在地 中央区高麗橋2-6-10　建設年 1974年
設計 東畑建築事務所

86 都住創内淡路町（とじゅうそう）

日本のコーポラティブハウスの草分けである都住創シリーズは、その多くが谷町周辺に建設されている。その中でも内淡路町は、セットバックする斜めの外壁と、個性的なデザインのコラージュが目を引く。

● Photo. 田籠哲也

所在地 中央区内淡路町2-1-7　建設年 1986年　設計 ヘキサ

87 丼池繊維会館 ［ドブカン］ 国登録有形文化財

長らく外壁を金属の新建材で覆われていた、大正時代の元銀行建築を、2016年にリノベーション。建物のコンセプトに共鳴するテナントの集積やイベントの開催など、丼池筋活性化の新たな拠点として活用が進む。

所在地 中央区久太郎町3-1-16　建設年 1922年／2016年(リノベーション)　設計 不明／高岡伸一建築設計事務所(リノベーション設計)

88 長瀬産業株式会社 大阪本社ビル

初代通天閣を設計した設楽貞雄による近代建築と並ぶ増築棟は、当時竹中工務店に所属した永田祐三の設計による高層ビル。装飾を自在に操る永田だからこその抑えた表現が、新旧に高度な調和を生みだしている。

所在地 西区新町1-1-17　建設年 1928年(本館)／1982年(新館)　設計 本館:設楽建築工務所(設楽貞雄)／新館:竹中工務店(永田祐三)

89 中之島フェスティバルタワー

2700人収容の大ホールにオフィスを載せた大胆な構造。その迫力は13階のスカイロビーに現れている。大階段の先に設けられたフェスティバルホールは、優れた音響特性で知られた旧ホールを最新技術で進化させた。

所在地 北区中之島2-3-18　建設年 2012年　設計 日建設計

90 中之島フェスティバルタワー・ウエスト

ツインタワーでは国内最高を誇る高さ200mのビルは、ホテル、オフィス、美術館などが入る超複合ビル。丸みを持たせたシルエットは、朝日ビルの伝統を継承したデザイン。夜景では縦のストライプが更に強調される。

所在地 北区中之島3-2-4　建設年 2017年
設計 日建設計(構造・設備設計協力：竹中工務店)

91 中之島三井ビルディング

デザインアーキテクトを務めたのは、世界の多くの超高層ビルをデザインしたシーザー・ペリ。曲面と金属素材を駆使して織り上げられた張りのある表皮のデザインが、2019年7月に92歳で没した巨匠らしい。

所在地 北区中之島3-3-3　建設年 2002年　設計・監理 日建設計・
デザインアーキテクト：シーザーペリ アンド アソシエイツ

92 中村健法律事務所

建築家・村野藤吾が独立後間もなくに手がけた戦前の小品。モダンな構成と華麗な装飾が組み合わされた、村野ならではの工芸品のような建築。現在も法律事務所として現役で使われている。

所在地 中央区北浜2-4-10　建設年 1936年
設計 村野藤吾

93 浪花組本社ビル

個性的な商業施設がデザインを競うミナミの繁華街にあって、一際異彩を放つ複雑で立体的なファサー

ドは、村野藤吾の設計による老舗の左官会社の本社ビル。村野は他にも、浪花組関連の建築を数多く手がけた。

所在地 中央区東心斎橋2-3-27　建設年 1964年
設計 村野・森建築事務所（村野藤吾）

94 南海ビル［髙島屋大阪店ほか］

長く続く壁を16本のコリント式の壁柱とアーチで整えた、ルネサンス様式のターミナルビル。重厚な外観に

よって、これが南海電気鉄道の起点であり、幅広い御堂筋を南で受け止める終点でもあることに応えている。

所在地 中央区難波5-1-60　建設年 1932年
設計 久野節建築事務所

95 西長堀アパート

日本住宅公団が初めて手がけた高層アパート。縦長のスリット窓が連続する巨大な壁面は、今なおその斬新さを失っていない。多様な住戸タイプを揃え、多くの著名人が暮らしたことでも有名。

所在地 西区北堀江4-2-20　建設年 1958年　設計 日本住宅公団大阪支所（現：UR都市再生機構西日本支社）

96 西山家住宅　　　国登録有形文化財

阪急が開発した宝塚線岡町駅の郊外住宅地に建つ邸宅。1912年に購入された木造の日本家屋を中心に、洋館や離れ座

敷、茶室などが増築・改修されていった。重森三玲らによる枯山水の庭園も。現在は非公開。

所在地 豊中市岡町南2-14-55　建設年 1912年（主屋・正門・高塀）／
1914年（洋館）／1929年（離れ）／1939年（渡廊下）
設計 川崎好博（離れ）／大阪三越・岡田孝男（渡廊下）

97 日建設計大阪オフィス
（銀泉横堀ビル）

旧住友ビルを設計した住友本店臨時建築部を源流にもつ日本最大級の建築設計事務所、日建設計のオフィスは、そこからほど近い淀屋橋の西エリアに位置する。
この界隈は、沿道企業の協力による整った並木の街路景観も注目。

所在地 中央区高麗橋4-6-2　建設年 1986年　設計 日建設計

98 日本圧着端子製造株式会社

内外を仕切る12cm角の杉材はボルト留めされて、交換可能なつくり。伊勢神宮の式年遷宮と同じく20年に1度、取り替えられる想定だ。床も天然木材で、入口で靴を脱ぐ。先端企業による新しいオフィスの試みである。

所在地 中央区道修町3-4-7　建設年 2013年
設計 Atelier KISHISHITA＋Man*go design

99 日本基督教団 大阪教会　　国登録有形文化財

教会を得意としたW・M・ヴォーリズによる、赤煉瓦のプロテスタント教会。簡素なロマネスク様式で、正面玄関上のバラ窓と6層の塔が象徴的。阪神淡路大震災で被害を受けたが、見事に修復された。

所在地 西区江戸堀1-23-17　建設年 1922年
設計 ヴォーリズ建築事務所（ウィリアム・メレル・ヴォーリズ）

100 日本基督教団 天満教会　　国登録有形文化財

1879年設立の歴史をもつ教会で、現在の教会堂は50周年を記念して建設された。島之内教会と同じ中村鎮の「鎮ブロック」を採用。楕円アーチ梁を更にアーチでくり抜く構造が軽快。

所在地 北区天満西町4-15　建設年 1929年／1959年（増改築）／2012年（保存・改修）　設計 中村建築研究所 中村 鎮（まもる）

101 日本基督教団浪花教会

1877年設立の歴史をもつ。都心の狭い敷地に建つゴシック様式の教会で、尖塔アーチの色ガラスが美しい。ヴォーリズ建築事務所の指導により竹中工務店の石川純一郎が設計した。

所在地 中央区高麗橋2-6-2　建設年 1930年
設計 竹中工務店（ヴォーリズ建築事務所が指導）

102 日本銀行大阪支店

東京の日本銀行本店の7年後に完成した、同じ明治の大建築家・辰野金吾の作品。左右対称の毅然とした佇まい。中央ドーム内部の重厚なインテリアも見ものだ。移設して残された階段室とともに明治時代を体験できる。

所在地 北区中之島2-1-45　建設年 1903年（旧館竣工）／1980年（新館竣工）／1982年（旧館復元・改築工事完了）
設計 辰野金吾ほか（旧館）／日建設計（新館）

(103) 日本聖公会 川口基督教会

府指定有形文化財

かつて外国人居留地だった川口に建つ教会は、ゴシック様式をもとにしたイギリス積みレンガ造で、礼拝堂の屋根を支える木製のシザーズ・トラスが空間に緊張感を与えている。施工は大阪教会と同じ岡本工務店が担当した。

所在地 西区川口1-3-8 建設年 1920年／1998年（復元） 設計 ウィリアム・ウィルソン

(104) 日本生命保険相互会社本館

堂々とした変わらぬ姿で御堂筋に佇む生きた建築。装飾はほとんどないが、全体のプロポーションを研ぎ澄ませ、隅を少し丸めるなど細部に配慮して、古典的な風格を街に与えている。この戦前の設計が持つ品位が隣の南館、裏手の超高層ビルの外観にも引き継がれている。

所在地 中央区今橋3-5-12 建設年 1938(1期)年／1962年(2期) 設計 長谷部竹腰建築事務所(1期)／日建設計(2期)

(105) 日本設計関西支社（大阪興銀ビル）

大手組織設計事務所の中にあって歴史は比較的、新しい。日本初の超高層ビルである霞が関ビルの設計チームが中心となり、1967年に設立。その際のモットーが共創と都市デザインで、大阪ではNU茶屋町や上本町YUFURAなどに生かされている。

所在地 中央区高麗橋4-1-1 建設年 1961年／1982年(外装リノベーション)／2005年(耐震補強及びリノベーション)
設計 山下寿郎設計事務所／日本設計(リノベーション)

(106) 日本橋の家

世界的建築家・安藤忠雄が、間口たったの2.9mの条件に挑んだ。トレードマークの打放しコンクリートで、奥行き約15mの土地に設計した4階建。その空間のドラマはあなたの目で、いや、全身の感覚でお確かめを。

所在地 中央区日本橋2-5-15 建設年 1994年
設計 安藤忠雄(安藤忠雄建築研究所)

(107) 寝屋川北部地下河川 守口立坑

大阪府では、寝屋川流域総合治水対策事業の一環として、地下河川および下水道増補幹線を一体的に整備しており、浸水被害の軽減に取り組んでいる。寝屋川北部地下河川守口調節池が完成し、2021年3月30日より供している。

所在地 守口市南寺方東通4-27-8 建設年 2013年(着手)／2017年(竣工) 設計 日本シビックコンサルタント大阪支店

(108) 長谷工コーポレーション 辰野平野町ビル

長谷工コーポレーションは、かつては長谷川工務店という社名で御堂筋沿いに本社ビルを構える総合建設会社だった。今はテレビでもお馴染みマンションのトップカンパニーとなり、堺筋東側の平野町に建つ高層ビルに関西の拠点を置く。

所在地 中央区平野町1-5-7 建設年 1994年
設計 日本設計、長谷工コーポレーション

(109) 原田産業株式会社 大阪本社ビル

国登録
有形文化財

左右対称を崩し、大きなガラス開口をもつ商社の本社ビルは、古典様式から脱却して自由なデザインを模索した小笠原祥光の設計。内部の保存状態も良く、エントランスの吹抜空間に設けられた優雅な階段が素晴らしい。

所在地 中央区南船場2-10-14　建設年 1928年
設計 小笠原建築事務所(小笠原祥光)

(110) 播谷商店

国登録有形文化財

角地に建つ昭和初期の町家。1階は石張りの腰壁上部に連続する格子窓、下屋は銅板葺に一文字瓦、外壁は黒タイル、箱軒、高い2階の豪壮な外観である。隣接する土蔵の外観との比較から、近代町家の特徴が窺われる。

所在地 非公表　建設年 1929年／2015年(内装工事・耐震改修)
設計 不明／有限会社設計処草庵(内装・耐震)

(111) 阪急三番街

「川が流れる街」は地下空間のイメージを、人びとが憩う「広場」へと一変させた。1971年には「滝のあるまち」が続く。商業施設の宿命ゆえ竣工当時から大きく改修されているが、半世紀を過ぎて今も水は流れ続ける。

所在地 北区芝田1-1-3　建設年 1969年
設計 竹中工務店

(112) 久金属工業

国登録有形文化財

工場や倉庫が建ち並ぶ木津川沿いの一角に建つ、1937年竣工の立派な木造2階建は、瓶のキャップや缶を製造するメーカーの事務所棟。2020年に大阪市の補助を得て、外観がリフレッシュされた。

所在地 西成区北津守3-8-31　建設年 1934〜1937年　設計 不詳

(113) フジカワビル

国登録有形文化財

戦後復興期に村野藤吾が手がけた画廊ビル。ガラスブロックの壁にサッシュをはめ込んだ入れ子のファサードが面白い。フジカワ画廊だった1階と2階を2016年に改修、新たに老舗の楽器店・丸一商店が店舗を構えた。

所在地 中央区瓦町1-7-3　建設年 1930年／2002年
設計 村野・森建築事務所(村野藤吾)

(114) 藤田美術館

実業家・藤田傳三郎と息子の平太郎、徳次郎によって築かれた日本有数の東洋古美術コレクションを公開する美術館。2022年4月のリニューアルオープン予定に先駆け、歴史ある庭石や多宝塔を臨む庭などが開放されている。

所在地 都島区網島町10-32　建設年 2020年
設計 大成建設株式会社設計部

(115) 伏見ビル

当初はホテルとして建てられた。現在は客室を活かしたテナントビルとして使われている。1931年に所有者が変わった際、大規模な改修が施されたが、全体に丸みを帯びたデザインが特徴。

所在地 中央区伏見町2-2-3 建設年 1923年
設計 長田岩次郎

(116) 伏見町 旧宗田家住居
[CuteGlass Shop and Gallery]

かつての船場の暮らしぶりを今に伝える小さな町家が、残された過去の図面や写真を元に修復され、美しいガラス容器を扱うショップ＆ギャラリーとして2018年新たにオープン。玄関には小さな前庭が設けられている。

所在地 中央区伏見町2-4-4 建設年 1925年／1931年（改築）／2018年（修景・改修） 設計 不詳／ウヅラボ（修景及び耐震補強改修）

(117) ブリーゼタワー

サンケイビルの跡地に建つ超高層ビルは、国際コンペの名だたる建築家の中から、若手ドイツ人建築家がデザインアーキテクトに選ばれ話題に。東京五輪のロゴをデザインした野老朝雄氏が関わるなど見どころも多い。

所在地 北区梅田2-4-9 建設年 2008年
設計 デザインアーキテクト：クリストフ・インゲンホーフェン

(118) 本願寺津村別院［北御堂］

戦後、鉄筋コンクリート造で復興された本堂は、幅広い御堂筋に負けない長い門、象徴的な階段、明瞭な内部など、他に類を見ない都市的なデザイン。世界の丹下健三を押し立てた東大教授・岸田日出刀の構想力が冴える。

所在地 中央区本町4-1-3 建設年 1962年
設計 岸田日出刀

(119) マヅラ（大阪駅前第1ビル）

そのデザインから近年再評価の著しい喫茶店「マヅラ」のコンセプトはずばり「宇宙」。1970年という時代と相俟って、唯一無二の空間が生みだされた。90歳を超えたオーナーが現役なのも素晴らしい。

所在地 北区梅田1-3-1 大阪駅前第1ビルB1F
建設年 1970年 設計 祖川尚彦建築事務所

(120) 水の館ホール・鶴見スポーツセンター

著名な建築家・磯崎新の設計で、1990年開催の「国際花と緑の博覧会」のパビリオンとして建てられた。4つの円が連なった大空間を技術の力で実現。実験的な構想力の演出が、磯崎らしい見どころ。

所在地 鶴見区緑地公園2-163 建設年 1990年 設計 磯崎新

121 光井純アンドアソシエーツ 建築設計事務所 関西オフィス

代表取締役の光井純が、師であるシーザー・ペリに出会ったのはイェール大学大学院時代。建築は優れた街並みの一部と

なり、街と共に成長するものだという思想を師から継承、発展させ、数々のビッグプロジェクトに結実。

所在地 北区天満2-1-29オプテック・ダイエービル7F

122 三井住友銀行 大阪中央支店・天満橋支店

戦前の日本における最大級の設計事務所の1つであった曾禰中條建築事務所の最後期の作品で、完

成度の高い古典主義様式のデザイン。三井銀行の大阪支店として、当時の目抜き通りであった高麗橋通に面して建てられた。

所在地 中央区高麗橋1-8-13 建設年 1936年
設計 曾禰中條建築事務所

123 三井住友銀行大阪本店ビル

旧住友本社と連系各社の本拠の「住友ビルディング」として建てられた。装飾を抑制した黄褐色の外壁

は、黄竜山石と大理石を砕いて混ぜた擬石。コリント様式の列柱に支えられた大空間は、現在も銀行の大阪本店営業部として使用されている。

所在地 中央区北浜4-6-5 建設年 1926年(1期)/
1930年(2期) 設計 住友合資会社工作部

124 三菱UFJ銀行大阪ビル本館

御堂筋のデザインガイドライン適用第1号の超高層ビル。公共貢献として1階にパブリックスペースとして「ギャラリーラウンジ」を設置し、北船場の情報発信拠点となっている。

所在地 中央区伏見町3-5-6 建設年 2018年
設計 三菱地所設計・東畑建築事務所JV

125 御堂筋ダイビル

かつて東洋工業(現・マツダ)の大阪支社として、竹中工務店によって建てられた、全面ステンレスのメタリックなオフィスビル。角の丸い窓が自

動車を強くイメージさせる。超高層ビルへの建て替えが決定している。

所在地 中央区南久宝寺町4-1-2 建設年 1964年(2021年
10月現在:建替工事中) 設計 竹中工務店

126 御堂ビル[竹中工務店大阪本店]

日本を代表する総合建設会社、竹中工務店の大阪本店ビル。高さ31mでスカイラインが揃っていた時代の

御堂筋を代表する存在。茶褐色の外壁は有田で焼いた特注タイルで、この時代の竹中工務店の作品に多く用いられた。

所在地 中央区本町4-1-13 建設年 1965年
設計 竹中工務店

127 ミライザ大阪城

ヨーロッパの城郭を思わせる旧陸軍の庁舎は、城内の軍施設を整理し公園として開放するために、復興天守閣と同年に建てられた。戦後の警察施設、大阪市立博物館を経て、2017年に複合施設として再生。

所在地 中央区大阪城1-1　建設年 1931年
設計 第四師団経理部

128 綿業会館　国指定重要文化財

街に品格を与える外観。内部の吹き抜けを囲んで、豪奢な各室が並ぶ。民間の紡績繊維産業関係者の寄付で建設され、今も使われている重要文化財。大阪の歴史的な公共性がヨーロッパやアメリカの都市と近いのが分かる。

所在地 中央区備後町2-5-8　建設年 1931年
設計 渡辺 節

129 もりのみやキューズモールBASE

屋上にランニングトラックがある日本初の商業施設。1周約300mのトラックが複数の建物の屋上をつなぎ、一体感を醸し出している。施設コンセプトは「豊かに生きる、ココロ・カラダ特区」。日本生命球場跡地に建てられたことから、1階BASEパーク内への野球の「塁」が設置されており、多くのスポーツ関連施設が揃う。

所在地 中央区森ノ宮中央2-1-70　建設年 2015年　設計 竹中工務店

130 八木市造邸

最近重要文化財となった聴竹居を設計した建築家、藤井厚二が手がけた住宅建築のひとつ。京阪の香里園開発に合わせて建てられた。現存する藤井作品のなかでは、とりわけオリジナルの家具や調度の保存状態が素晴らしい。

所在地 非公表　建設年 1930年
設計 藤井厚二（設計）／酒徳金之助（大工）

131 安井建築設計事務所 本社ビル

100年建築も、100年事務所もあるのが大阪の良さの一つ。1924年創業の安井建築設計事務所も、もうすぐその仲間入り。社会に役立つ技術的な解決と共に、デザインを楽しむ心を忘れないプロたちがいる。

所在地 中央区島町2-4-7　建設年 1970年
設計 安井建築設計事務所

132 山本能楽堂　国登録有形文化財

1927年に創設された、今や全国でも珍しい木造3階建の能楽堂。大阪大空襲によって焼失したが、早くも1950年に再建。2011年に改修を行い、新旧が融合する開かれた能楽堂となった。

所在地 中央区徳井町1-3-6　建設年 1927年／1950年（再建）／2011年（改修）　設計 山田組／安井建築設計事務所（再建）／graf（改修）

(133) 輸出繊維会館

不思議なたたずまいをしている。外壁のイタリア産トラバーチンとアルミサッシの組み合わせが品位と未来感を織り成し、玄関庇は凝ったデザイン。内部の繊細な階段や家具類も未来なのか過去なのか、これぞ村野藤吾の世界。

所在地 中央区備後町3-4-9　建設年 1960年
設計 村野・森建築事務所（村野藤吾）

(134) リーチバー（リーガロイヤルホテル）

日本の民藝運動に影響を与えた陶芸家バーナード・リーチの着想をもとにした寛げる空間。重厚なナラ材の床、味のある煉瓦、曲木の椅子やテーブル、河井寛次郎や濱田庄司など大家の作品が、贅沢に取り合わされている。

所在地 北区中之島5-3-68　建設年 1965年
設計 吉田五十八

(135) リバーサイドビルディング

国登録有形文化財

土佐堀川に沿って微妙に湾曲するシルエットが印象的なオフィスビル。設計は東京大学教授を務め、丹下健三など著名な建築家を輩出した岸田日出刀。高速道路にヒントを得たユニークな構造形式と、水平連続窓からの川の眺めが素晴らしい。

所在地 北区中之島3-1-8　建設年 1965年
設計 岸田建築研究所（岸田日出刀）

(136) ルポンドシエルビル［大林組旧本店］

日本を代表する建設会社・大林組の旧本店。外観は当時の大林組が得意としたスパニッシュスタイル。2007年に耐震補強工事が行われ、現在はフレンチレストランや大林組の歴史館として使われている。

所在地 中央区北浜東6-9　建設年 1926年／
2007年（耐震補強工事）　設計 大林組

ルポンドシエルビル［大林組旧本店］

(137) 大阪市の都市施設　歴史都市の生き証人としての都市物語を楽しもう！

古代から近世、そして近代、現代に至るまで現役都市であり続ける大阪には、それぞれの時代に求められた都市づくりがされてきました。つくられた時代の異なる建築や都市施設が隣り合い、共存していることが、大阪の特徴でもあります。これはローマ植民都市を起源とするパリなど、歴史都市のもつ共通点です。

　ところで、様々な時代の都市づくりが地層のように積み重なり、時代を超えてかたちづくられている歴史都市では、建築や都市施設がその都市を語る文化装置＜語り部＞としての役割を持っています。ローマに行けば現役の水道橋や街道が、ロンドンに行けばテムズ川の橋梁群など、現役の都市施設としての機能のみならず、歴史文化の生き証人として物語を話してくれます。物語が多い都市は豊かな都市といえましょう。
大阪のまちづくりを語る様々な都市施設をお楽しみください。

Ⓐ 阪急電鉄京都線・千里線 連続立体交差事業

所在地 東淀川区　建設年 工事中

Ⓑ JR東海道線支線地下化事業

所在地 北区　建設年 工事中

Ⓒ 福町十三線立体交差事業 （阪神なんば線）

所在地 西淀川区　建設年 工事中

Ⓓ 大阪駅前地下道東広場改良事業

所在地 北区　建設年 1937年

Ⓔ 中之島橋梁群

所在地 北区・中央区・西区
建設年 1935年等

Ⓕ 堂島大橋改良事業

所在地 北区・福島区
建設年 1927年／2020年（改良）

Ⓖ 橋梁ライトアップ

所在地 北区ほか
建設年 1935年等

Ⓗ 浪華八百八橋

所在地 北区・中央区・西区・都島区・福島
区ほか　建設年 1935年等

Ⓘ 太閤（背割）下水

所在地 中央区（南大江小学校西側）
建設年 江戸時代後期

Ⓙ 逢坂会所ポンプ施設

所在地 天王寺区（天王寺動物園内）
建設年 2017年

Ⓚ 中浜新ポンプ棟

所在地 城東区　建設年 2011年

L 平野下水処理場

所在地 平野区　建設年 1972年（地下配管廊）／2014年（炭化炉棟）

M 舞洲スラッジセンター

所在地 此花区　建設年 2004年

N 此花下水処理場ポンプ場

所在地 此花区　建設年 工事中

O 金蔵　　　　　　　　　　国指定重要文化財

所在地 中央区（大阪城公園内）　建設年 1751年

P 御堂筋

所在地 中央区・北区　建設年 1937年

Q 東横堀川水門

所在地 中央区　建設年 2001年

インデックス

●：スペシャルプログラム（詳細はP.102）

この1年で、イケフェス大阪の公開でお馴染みの建築が6件も国の文化財になりました。まずは重要文化財に指定された髙島屋東別館（旧松坂屋大阪店）。かつては百貨店建築が居並ぶ目抜き通りだった堺筋に、唯一残る大大阪時代の大規模百貨店建築です。特筆すべきは、この文化財の指定が、百貨店からシタディーンなんば大阪というホテルへのリノベーションを踏まえたものだということ。ホテルへ用途を変更するにあたって大規模な工

2016年イケフェス大阪での公開の様子（髙島屋東別館）

事が行われましたが、事前に綿密な調査を実施し、ホテルとしての機能を満足させながら、文化財としての価値を損なわない改修が施されています（→ P.14-19）。

そして登録有形文化財は一気に5件。南船場の大阪農林会館と原田産業大阪本社ビルは、まだ文化財になっていなかったのが意外なほどですが、丼池繊維会館と合わせて、これまで北船場に偏りがちだった市内中心部の文化財の分布が心斎橋周辺まで拡がることになりました。大阪府庁本館も免震工事を施し正丁の間を復元するなど、納得の文化財入りですが、実は大阪府の公共施設としては登録有形文化財第1号。

そして堺筋本町に建つフジカワビルは、戦後の近代建築として大阪ではやっと6件目の登録文化財。今後は他の村野建築をはじめ、より戦後の建築の充実が望まれます。

大阪農林会館（→ P.71）

丼池繊維会館（→ P.81）

フジカワビル（→ P.85）

原田産業大阪本社ビル（→ P.85）

大阪府庁本館（→ P.71）

イケフェス大阪ではこれまでも子ども向けプログラムに力を入れてきましたが、もっとたくさんの子どもたちに建築を好きになってもらいたいとの思いから、子ども向けの建築本「はじめての建築01 大阪市中央公会堂」を出版しました。数学、美術、国語、社会など、学校で勉強する全ての教科を結集してつくられるのが「建築」です。下は幼稚園から上は高校生まで、学齢ごとに教科を設定して、どんな関心からでも建築に興味をもってもらえるような内容になっています。

　第1号で取り上げたのは、大阪を代表する近代建築の大阪市中央公会堂。美しい写真やユニークなイラストで、大人の方でももちろん楽しんでもらえる1冊です。

文・構成：倉方俊輔、フルカラー48ページ、1,800円＋税。関西圏の主要書店で発売中。
お近くの書店に取扱がない場合は、実行委員会までお問い合わせ下さい。→ info@ikenchiku.jp

生きた建築ミュージアムフェスティバル大阪2021
（OPEN HOUSE OSAKA 2021）
間もなく開催です！

今年も、イケフェス大阪の季節がやってきました。
昨年に引き続き、2021年のイケフェス大阪も、インターネット公開が中心のバーチャル
開催となります。
お家でゆっくり、何度でも、大阪の「生きた建築」の魅力を楽しんでいただけるよう、
昨年以上に充実したプログラムをご用意して、みなさまのご参加をお待ちしています。
イケフェス大阪2021を通して、建築の魅力を一人でも多くの方に感じていただければ
幸いです。来年こそは、みなさんとリアルな建築空間でお会いできることを祈りつつ、
今年も一緒に大阪の生きた建築を楽しみましょう！

イベント概要

名称：生きた建築ミュージアムフェスティバル大阪（イケフェス大阪）2021
　　　（英語名称：OPEN HOUSE OSAKA 2021）
開催日：メイン期間2021年10月30日（土）、10月31日（日）
参加建物等：153
参加費：無料

※いずれも2021年9月30日時点の内容となります。
※プログラムの詳細情報は、必ず、公式ホームページ・公式ツイッターで最新の内容をご確認ください。

参加にあたってのお願いと注意事項等

● イケフェス大阪は、建物等の所有者・関係者の方々のご厚意とご協力により成立しているイベントです。来年以降の継続開催のため、マナー・ルールを守ってお楽しみください。

● 今年は特に、建物見学やまちあるき、セミナー等にお出かけの際は、ご自身の体調管理とあわせ、新型コロナウィルス感染症拡大防止に向けた対策の徹底をお願いいたします。

配信映像等のダウンロード等の禁止

● 特別に許可されている場合を除き、今回配信する映像や画像等のダウンロード、コピー、二次使用はできません。違法行為として処罰されることがあります。

建物見学等のルールの徹底

● 建物の外観を見て回る場合や店舗等、通常公開されている建物を訪問する場合は、少人数での移動、マスクの着用、会話は控えるなど、新型コロナウィルス感染症拡大防止策の徹底と、建物ごとに定められたルールの厳守をお願いします。

● また、公開されていない建物内には許可なく立ち入らないでください。違法行為として処罰されることがありますので、絶対におやめください。

● イケフェス大阪2021での公開等について、建物への直接のお問い合わせはご遠慮ください。

プログラム等の中止・変更

● 参加建物及びプログラム等は、予告なく中止・変更する場合があります。最新の情報は、公式ホームページ・公式ツイッターで随時お知らせいたしますので、ご確認ください。

通信費用・インターネット環境等

● インターネットで配信されるプログラムへの参加（閲覧・視聴等）に関わる通信費用は参加者のご負担となります。データ量が大きいコンテンツもございますので、安定したインターネット環境でお楽しみください。

● 事前・当日を問わず、閲覧・視聴のためのテクニカルサポート、インターネット環境等に関わる通信トラブル、お問い合わせには対応いたしかねますのでご了承ください。

プログラム紹介

イケフェス大阪2021の主なプログラムをご紹介します。
「昨年以上の企画をお届けしたい！」と、建物所有者・関係者のみなさんとともに、
実行委員会メンバー・スタッフが総力をあげて準備したものばかり。
じっくり楽しんでください。

※プログラムの詳細情報は、必ず、公式ホームページ・公式ツイッターで最新の内容を確認ください。

① スペシャルプログラム（トークライブ、セッケイ・ロード、動画公開ほか）

昨年ご好評いただいたバーチャルならではの「トークライブ」や「動画」コンテンツ、すっかりお馴染みとなった在阪設計事務所の連携企画「セッケイ・ロード」など、今年も盛りだくさんな内容でお届けします。
また、音声でオーナーのひとことや解説を楽しんでいただく試みや、実行委員会メンバー企業のご尽力で生きた建築をリアルに楽しんでいただけるプログラムも少しだけご用意しました。
たくさんのみなさんの参加（視聴）をお待ちしています！

主な内容・配信スケジュール等

※必ず、公式HP・ツイッターで最新情報を確認ください。

● トークライブ ＠ライブ配信

10月30日（土）	13:00〜14:00	水辺の生きた景観【出演：嘉名光市 ほか】
	15:00〜16:30	まちとつながる大阪の建築家たち【出演：倉方俊輔 ほか】
	17:00〜18:30	第2回 ジャパン・オープンハウスサミット【出演：髙岡伸一 ほか】
10月31日（日）	15:00〜16:00	モダン建築の京都と大阪【出演：倉方俊輔、笠原一人】
	17:30〜19:00	クロージング【出演：橋爪紳也 ほか】

● セッケイ・ロード…新たに3社が仲間入りしてますますパワーアップ！

「設計事務所スタッフトーク」動画配信予定。モデレーター：髙岡伸一

［新規参加］
⑥石本建築事務所、⑬浦辺設計、(61)ジオーグラフィック・デザイン・ラボ

● 動画

⑳オーガニックビル、(75)髙島屋東別館、(134)リーチバー（リーガロイヤルホテル）など

● 音声ガイド（オーナーのひとこと&解説）

(74)大丸心斎橋店本館、(102)日本銀行大阪支店 など

配信開始
2021年10月30日（土）
10:00より順次配信

終了
2021年11月下旬
（予定）

● 特別公開（リアルな建物公開プログラム）

㉒大阪ガスビル、(62)芝川ビル、(136)ルポンドシエルビル［大林組旧本店］など
10月30日（土）・31日（日）に実施予定。参加方法、公開時間等の詳細は、公式ホームページで実施建物を検索し、ご確認ください。

② パブリックプログラム

大阪の生きた建築150以上が勢揃い！ 各建物から提供いただいた貴重な画像コンテンツを中心にお届けする定番・基本のプログラム。まちの散策や来年のリアル開催の予習にも最適です。

メイン期間より少し早めの10月中旬から配信開始予定。イケフェス大阪2022まで、ゆっくりご覧いただけます。

初参加：藤田美術館など

> **配信開始：2021年10月中旬**
> **終了：2022年秋頃（予定）**
>
> 今年竣工したばかりの建物から、周年を迎える建物まで、バラエティーに富んだラインナップです。7件の新しい仲間も加わりました。

90周年を迎える綿業会館（左）と青山ビル（右上）、
130周年を迎えるルポンドシエルビル［大林組旧本店］（右下）

また、イケフェス大阪2021に続く、2021年11月13日（土）には、イケフェス大阪も加盟するOpen House Worldwide*による、加盟都市コラボイベント「Open House Worldwide Festival」も開催されます。もちろん大阪も参加予定。こちらもお楽しみに！

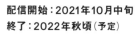

*Open House Worldwide（OHWW）…ロンドンを中心とした建築公開イベントの国際的なネットワークで、世界中のオープンハウス組織の調整機関。現在50の都市が加盟中。大阪は2019年に日本で初めて加盟が認められました。詳細は、openhouseworldwide.org/ でご覧いただけます（英文）。

連携・関連イベント

イケフェス大阪2021と連携した魅力的なプログラム・イベントも実施されます。
イケフェス大阪と一緒にお楽しみください！

※内容の詳細は、各主催団体のホームページ等で確認ください。

 洋館ミステリー劇場＠青山ビル

築100年以上前の本物の洋館を使い、昭和初期の探偵小説を再現。シーン毎に部屋を移動し、犯人を当てるミステリーツアー型の演劇で、創業100年近くの老舗の味を誇る『北極星』のオムライスを食し、推理に挑戦していただきます！

> 日時：9月18日（土）〜20日（月・祝）
> 　　　10月9日（土）〜10日（日）
> 　　　10月16日（土）計3回公演
> *10/17（日）はツイキャスでプレミアム配信の予定
> 主催：G-フォレスタ　問合せ：ticket@g-foresta.com

 「Timber: Today and Tomorrow 木造建築のいまとこれから」

> 日時：10月30日（土）〜
> 　　　11月13日（土）
> 場所：日本橋の家
> 主催：日本建築設計学会
> URL：http://www.adan.or.jp

 イケフェス大阪コラボ 「MBSアナウンサーカレンダー2022」

毎年好評のMBSアナウンサーカレンダー。今回は大阪の「生きた建築」を39人のアナウンサーが訪ねます。イケフェス実行委員会による建物解説つき。

写真はイメージです

> 日時：10月23日（土）販売開始予定
> 制作・発行：毎日放送　問合せ：06-6359-1678
> URL：https://www.mbs.jp/mbs.ana/

 スペシャルツアー「日本建築協会 Presents! 近代の大阪城址を歩く」

大阪城天守閣は当時の最先端技術で建設に挑戦し、不燃で耐久性のある新しい「近代和風建築」を作ろうとした先達たちの遺産である。このエリアは水道施設や旧陸軍施設もあり、「大阪の近代化の一大拠点」としての大阪城址を探訪する。

> 日時：10月30日（土）13時30分〜
> 主催：日本建築協会　問合せ：jigyoka@aaj.or.jp
> URL：http://www.aaj.or.jp/

 中之島トークイベント 「新しい中之島 都市・建築の魅力を語る」

2021年4月に中之島通が歩行者空間化されたことを記念して、現地でトークイベントを開催。歴史ある中之島がいかに変わり、どのような未来へと続くのか？イケフェス大阪の3人のメンバーが、都市からの視点、建築からの視点を交差させながら語り尽くす。

> 日時：今秋以降開催予定　場所：中之島公園水上劇場周辺
> 主催：（仮称）中之島広場沿道連絡会　URL：http://nakanoshima-hiroba.com（近日公開予定）

連携 三休橋筋まち歩きツアー

日時：10月30日（土）10時〜12時（イケフェス大阪ホームページからライブ配信）
主催：三休橋筋愛好会、三休橋筋商業協同組合

関連 令和3年度 大阪市立難波市民学習センター 大学・企業等連携講座・図書館連携講座
「イラストレーターの目で見た大阪の建築の魅力」

日時：10月19日（火）14時〜15時30分　会場：大阪市立難波市民学習センター
主催：大阪市立中央図書館　問合せ：大阪市立難波市民学習センター 06-6643-7010

関連 大阪市立中央図書館イケフェス関連企画

イラストで巡る大阪近代建築
ーコジマユイイラスト展ー

日時：10月8日（金）〜20日（水）
＊10月22日（金）〜11月17日（水）2階で縮小展示
会場：1階エントランスギャラリー

2階図書展示「建築満喫2021」

日時：9月17日（金）〜11月17日（水）

会場：2階

Webギャラリー「おおさか建築さんぽ」

日時：9月1日（水）〜11月30日（火）

会場：https://www.oml.city.
osaka.lg.jp/?key=
jo73qbd06-510#_510

3階ケース展示「おおさか建築さんぽ」

日時：10月8日（金）〜12月15日（水）

会場：3階

主催：大阪市立中央図書館　問合せ：中央図書館 利用サービス担当 06-6539-3302

関連 中之島ウエスト・秋ものがたり2021
「中之島まるごとフェスティバル」

関連
船場博覧会2021

日時：10月23日（土）〜10月31日（日）
主催：中之島ウエスト・エリアプロモーション連絡会
URL：https://www.nakanoshima-west.jp/

日時：11月17日（水）〜23日（火・祝）
主催：船場博覧会実行委員会　URL：https://semba-navi.com/

関連 第11回オープンナガヤ大阪2021

日時：11月20日（土）・21日（日）
主催：オープンナガヤ大阪2021実行委員会、大阪市立大学長屋保全研究会
問合せ：opennagaya@gmail.com　URL：https://www.facebook.com/opennagaya

生きた建築ミュージアム大阪
実行委員会

大阪市では平成25年度から、まちをひとつの大きなミュージアムと捉え、そこに存在する「生きた建築」を通して大阪の新しい魅力を創造・発信する取組みとして、「生きた建築ミュージアム事業」を実施してきました。特にその一環として、建物所有者をはじめとする民間企業、大学等との協力・連携のもと、平成26年度・27年度に開催した「生きた建築ミュージアムフェスティバル大阪（イケフェス大阪）」は、大阪発・日本最大の建築イベントとして定着し、広く内外の方々に、「生きた建築」を通した、大阪の新しい魅力に触れていただく貴重な機会となっています。

この流れをさらに発展させていくことを目的に、民間企業、専門家、大阪市等からなる「生きた建築ミュージアム大阪実行委員会」を平成28年7月20日に発足しました。現在はこの実行委員会が主催となって、「イケフェス大阪」の開催の他、建築を通した新しい大阪の都市魅力の創造と発信を目的に、様々な活動を展開しています。

委員一覧

委員長

橋爪 紳也	大阪府立大学 研究推進機構 特別教授

副委員長

嘉名 光市	大阪市立大学大学院 工学研究科 教授

委員

倉方 俊輔	大阪市立大学大学院 工学研究科 教授
指田 孝太郎	株式会社日建設計 取締役常務執行役員
佐野 吉彦	株式会社安井建築設計事務所 代表取締役社長
芝川 能一	千島土地株式会社 代表取締役社長
對中 秀樹	ダイビル株式会社 取締役常務執行役員
髙岡 伸一	近畿大学建築学部 准教授
田中 雅人	大阪ガス株式会社 大阪・奈良・和歌山地区 統括支配人
村川 洋一	株式会社竹中工務店 専務執行役員
村田 俊彦	株式会社大林組 取締役副社長執行役員
米井 寛	株式会社東畑建築事務所 代表取締役社長
上村 洋	大阪市都市整備局長

実行委員会のロゴマークについて

OSAKAの「O」と木の「年輪」とを掛け合わせたシンボルマーク。抽象的に図案化した年輪を矩形と組み合わせることで、「生きた建築」を想起させるデザインになっています。歴史を刻む生きた建築が開かれることで街に人の動き・つながりの輪ができ、それが広がっていくような意味合いを込めました。

またロゴタイプには、日本を代表する書体メーカーで、1924年創業で大阪に本社を構えるモリサワが、1955年に初めて発表したオリジナル書体文字の「ゴシックBB1」を用いることで、「生きた建築」が大阪発のムーブメントであることを表現しています。

アートディレクション＝後藤 哲也
シンボルマークデザイン＝山内 庸資
タイプフェイス＝ゴシックBB1（モリサワ）

大林組
OBAYASHI

ダイビル株式会社

想いをかたちに 未来へつなぐ
TAKENAKA

千島土地株式会社

東畑建築事務所
TOHATA ARCHITECTS & ENGINEERS, INC.

NIKKEN
EXPERIENCE, INTEGRATED

安井建築設計事務所

100年をつくる会社
鹿島

住友商事

Enriching lives and the world

Daiwa Lease
大和ハウスグループ
大和リース

西尾レントオール 株式会社

SUNTORY

NTTファシリティーズ

吉本興業 ホールディングス

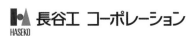

株式会社アートアンドクラフト	株式会社140B	大林新星和不動産株式会社
京阪神ビルディング株式会社	株式会社サンケイビル	株式会社TAKプロパティ
一般社団法人日本建築協会	株式会社日本設計	

生きた建築ミュージアムフェスティバル大阪2021 公開協力企業・団体等一覧 (順不同)

アートアンドクラフト

大阪住宅株式会社

大阪府西大阪治水事務所

新井株式会社 (新井ビル)

STUDIOA&a

株式会社生駒ビルヂング

株式会社石本建築事務所

立売堀ビルディング

今橋ビルディング

ダルポンピエーレ

吉川工業株式会社

design SU一級建築士事務所＋
株式会社YAP一級建築士事務所

玉出 梲家 (うだつや)

大阪地下街株式会社

積水ハウス株式会社

積水ハウス梅田オペレーション
株式会社

株式会社浦辺設計

朝日放送グループホールディングス
株式会社

万博記念公園マネジメント・
パートナーズ

コダマビルディング

株式会社NTTファシリティーズ

株式会社遠藤克彦建築研究所

京阪ホールディングス株式会社

株式会社小倉屋山本

大阪市立大学

大阪ガス株式会社

一般社団法人大阪倶楽部

公益財団法人
大阪国際平和センター

大阪市中央公会堂指定管理者
サントリーパブリシティサービス
グループ

株式会社大阪取引所

平和不動産株式会社

大阪商工信用金庫

住まい情報センター
(大阪くらしの今昔館)

大阪市立美術館

大阪大学会館

大阪大学総合学術博物館

大阪中之島美術館

株式会社大阪農林会館

大阪府

株式会社大阪国際会議場

大阪府立中之島図書館指定管理者
株式会社アスウェル

大阪弁護士会

株式会社カフーツ

オリックス株式会社

株式会社モリサワ

関西大学

北野家住宅

北浜レトロ株式会社

ギャラリー再会

コニシ株式会社

豊中市教育委員会

株式会社NTTファシリティーズ

近畿大学

株式会社久米設計

コホロ ELMERS GREEN
コーヒーカウンター

グランフロント大阪

源ヶ橋温泉

コイズミ照明株式会社

ザ・ガーデンオリエンタル・大阪
(株式会社Plan・Do・See)

西光寺

NSK土地建物株式会社

自安寺

ジオ-グラフィック・デザイン・ラボ

千島土地株式会社

純喫茶アメリカン

株式会社昭和設計

株式会社食道園

丸二商事株式会社

住友商事株式会社

住商ビルマネージメント株式会社

ニュージャパン観光株式会社

株式会社大阪市開発公社

桃谷順天館グループ桃井商事
株式会社

大同生命保険株式会社

ダイビル株式会社

株式会社大丸松坂屋百貨店
大丸心斎橋店

株式会社髙島屋

公益財団法人武田科学振興財団

武田薬品工業株式会社

田辺三菱製薬株式会社

中央工学校OSAKA

一般社団法人中央電気倶楽部

大阪市

鶴身印刷株式会社

天満屋

株式会社堂島ビルヂング

株式会社東畑建築事務所

空間計画株式会社

THNK一級建築士事務所

株式会社井池繊維会館

合資会社マットシティ／
みんなの不動産

長瀬産業株式会社

朝日新聞社

株式会社朝日ビルディング

公益財団法人香雪美術館

三井不動産株式会社

三井不動産ビルマネジメント株式会社

中村健法律事務所

株式会社浪花組

南海電気鉄道株式会社

南海不動産株式会社

株式会社日建設計

日本圧着端子製造株式会社

Atelier KISHISHITA

日本基督教団大阪教会

日本基督教団天満教会

日本基督教団浪花教会

日本銀行大阪支店

日本聖公会川口基督教会

日本生命保険相互会社

株式会社日本設計

日本橋の家

株式会社長谷工コーポレーション

原田産業株式会社

阪急阪神ビルマネジメント株式会社

久金属工業株式会社

フジカワビル株式会社

丸一商店株式会社

公益財団法人藤田美術館

伏見ビル

日本精工硝子株式会社

株式会社サンケイビル

本願寺津村別院(北御堂)

マヅラ

King of Kings

光井純 アンド アソシエーツ
建築設計事務所株式会社
関西オフィス

株式会社三井住友銀行

株式会社三菱東京UFJ銀行

大林組・銭高・大末共同企業体

株式会社竹中工務店

株式会社TAKプロパティ

株式会社朝日ファシリティズ

公益財団法人竹中大工道具館

一般社団法人
御堂筋まちづくりネットワーク

大阪城パークマネジメント株式会社

一般社団法人日本綿業倶楽部

東急不動産株式会社

八木邸倶楽部

摂南大学

株式会社安井建築設計事務所

公益財団法人山本能楽堂

株式会社輸出繊維会館

株式会社ロイヤルホテル

co-ba nakanoshima
(クラブリバーサイド)

喫茶カレン

そば処吉吉

euro life style

株式会社大林組

大林新星和不動産株式会社

大阪市建設局

光のまちづくり推進委員会

株式会社毎日放送

一般社団法人日本建築協会

(仮称)中之島広場沿道連絡会

一般社団法人日本建築設計学会

三休橋筋愛好会

三休橋筋商業協同組合

大阪市立中央図書館

中之島ウエスト・エリアプロモーション
連絡会

船場博覧会実行委員会

オープンナガヤ2021実行委員会

大阪市立大学長屋保全研究会

一般財団法人緒方洪庵記念財団

その他大勢の'生きた建築'に関わる
みなさん

イケフェス大阪2021についてのお問い合わせ

生きた建築ミュージアム大阪実行委員会

info@ikenchiku.jp

参加者アンケートにご協力ください

イケフェス大阪2021参加者アンケートにご協力ください。スマートフォン、PCで簡単に回答いただけます。みなさんのお声をお待ちしています。

● 公式ホームページ

| イケフェス大阪　アンケート | で 検索 |

● 実施期間

2021年10月末〜11月末（予定）

みなさんのサポートをお待ちしています

イケフェス大阪を中心とした実行委員会の活動は、みなさんのサポートで成立しています。ボランティアの登録、ご寄付・協賛はいつでも受け付けています。
大阪の建築文化の発展のために、みなさんのご支援をよろしくお願い申し上げます。

● 公式ホームページ

| イケフェス大阪　ボランティア | または
| イケフェス大阪　寄付・協賛 | で 検索 |

OPEN HOUSE OSAKA 2021
生きた建築ミュージアムフェスティバル大阪2021
公式ガイドブック

2021年10月14日　初版第1刷発行

発行
生きた建築ミュージアム大阪実行委員会
〒540-0045 大阪市中央区道修町3-4-11 新芝川ビル105

発行人
橋爪紳也（生きた建築ミュージアム大阪実行委員会委員長）

発売
株式会社140B
〒530-0047 大阪市北区西天満2-6-8 堂島ビルヂング602
電話 06-6484-9677　FAX 06-6484-9678

編集
生きた建築ミュージアム大阪実行委員会
大迫力（株式会社140B）

写真
西岡 潔
建物紹介：2, 3, 5, 7, 8, 11, 12, 22, 26, 34, 38, 39, 43, 44, 45, 46, 47, 50, 52 ,60, 63, 65, 68, 70, 73, 76, 84, 87, 88, 93, 98, 101, 102, 104, 106, 115, 118, 119, 122, 123, 128, 133, 134, 135, 136
ページ：P.2-5, 43-47, 54-57, 78, 90, 98

アートディレクション・デザイン・印刷設計
芝野健太

メインビジュアル
佐貫絢郁

デザイン
佐藤大介（sato design.）（P.6-11）

印刷・製本
株式会社ライブアートブックス

Open House London is the originator of
the Open House concept.
http://www.openhouseworldwide.org

Printed in Japan
ISBN978-4-903993-45-4　C0026

公式ホームページ
https://ikenchiku.jp

twitterでも情報発信中！ 🐦 @ikitakenchiku